삶의 변화를 이끄는 한마디

삶의 변화를 이끄는 한마디

초판 인쇄 2019년 11월 1일
초판 발행 2019년 11월 10일

지은이   라 브뤼예르
편역자   서정운
펴낸곳   다른상상
등록번호   제399-2018-000014호
전화   031)840-5964
팩스   031)842-5964
전자우편   darunsangsang@naver.com

ISBN 979-11-967111-9-1 03320

이 도서의 국립중앙도서관 출판예정도서목록(CIP)은 서지정보유통지원시스템 홈페이지(http://seoji.nl.go.kr)와 국가자료종합목록 구축시스템(http://kolis-net.nl.go.kr)에서 이용하실 수 있습니다. (CIP제어번호 : 2019037691)

독자 여러분의 책에 관한 아이디어나 원고 투고를 설레는 마음으로 기다리고 있습니다. 이메일로 간단한 개요와 취지, 연락처를 보내주세요. 독자님과 함께하겠습니다.

라 브뤼예르의 말

La Bruyère

삶의 변화를 이끄는
한마디

다른
상상

행복해지기 전에 웃어야 한다.
웃지 못하고 죽을 수도 있기 때문이다.

—라 브뤼예르

라 브뤼예르(1645~1696)는 17세기 프랑스의 철학자이자 작가였다. 중류 계급 출신으로 귀족 가문의 가정교사로 일하며 왕족 및 귀족의 생활을 관찰할 수 있었고, 이를 바탕으로 당대의 세태를 풍자한《인간성격론》을 펴냈다.

이 책은 베스트셀러가 되어 제8판까지 출간되었고, 브뤼예르는 48세에 아카데미 프랑세즈의 회원이 되어 문단에 명성을 떨쳤다. 그의 아름다운 문장은 후대의 작가 마르셀 프루스트(1871~1922)에 영향을 주었다는 평가를 받는다. 이 책은《인간성격론》에서 현대 사회에 맞지 않는 일부분을 제외하고 발췌 · 번역한 것이다.

귀족이 득세한 프랑스 파리에서 소시민의 자녀로 태어난 그는 넉넉지 않은 형편에서 성장했다. 하지만 학업에 뛰어난 재능을 보이며 라틴어뿐 아니라 그리스어, 독일어까지 독파하였다.

대학에서 법학을 공부하고 변호사 자격을 취득하였지만 한 번도 법정에 서지 못했다. 탄탄한 뒷배경이 없어 출세할 기회를 잡지 못했기 때문이었다. 이후 숙부의 유산을 받게 되어 징세관 자리를 얻을 수 있었지만 이 역시 수입이 좋지 않았다.

그러다가 마흔에 가까운 나이에 대귀족 콩데 공의 집에서 손자 부르봉 공의 가정교사로 일하게 된다. 하지만 난폭한 귀족 자제와 그의 오만한 부모는 브뤼예르를 조롱하고 괴롭히다가 2년 만에 학업을 중단해버렸다. 이를 계기로 브뤼예르는 콩데 공의 시종으로 일하게 되었고 콩데 공 저택의 도서실 관리를 맡게 되어 귀족들과 대화를 나누며 독서와 사색의 시간을 충분히 누릴 수 있었다. 그리고 그 시간 덕분에 《인간성격론》이 탄생하였다.

오만하고 난폭한 귀족 밑에서 일하며 그들의 나태함과 변덕스러움에 시달렸던 그는 이 작품에서 그들의 행태를 구체적으로 풍자하였다. 이는 귀족과 권력에 대한 작가의 도전이자, 모든 인간이 스스로 반성함으로써 가식과 모순을 떨치고 새로운 변화를 시도하길 원했던 작가의 바람이 담긴 작품이다. 유머와 재치까지 풍부하게 더해진 격언들에는 인간의 심리를 간파하는 작가의 통찰력이 고스란히 녹아 있다. 따라서 독자들은 그의 훌륭한 문장을 즐기는 동시에 스스로의 모순과 가식을 깨닫고 이를 극복하여 변화된 자기 자신을 만날 수 있을 것이다.

차 례

Jean de La Bruyère

1장

중요한 건
함께 살아가는 기술이다

타인을 나에게 적응시키는 것보다
내가 타인에게 적응하는 편이 훨씬 더 유익하다.

1

매력 없는 성격이란, 아무런 특징이 없는 성격이다.

2

바보들이나 사람을 귀찮게 한다. 조금이라도 눈치가 있는 사람이라면 상대가 자기를 좋아하는지, 지겹게 여기는지 정도는 알아챌 수 있을 것이며, 상대에게 방해가 되기 전에 스스로 물러서야 한다는 것쯤은 알고 있을 것이다.

3

야한 농담을 하거나 누군가를 헐뜯거나 조롱하는 사람은 많지만 섬세하게 야유할 줄 아는 사람은 적다. 우아하게 야유를 하고 사소한 것에서도 멋진 표현을 생각해내려면 세련되고 풍부한 표현법을 배우고 정신력을 길러야 한다. 고상하게 야유하는 일은 무에서 유를 만들어내는 일, 곧 창조이다.

4

일상적인 대화는 공허하거나 별 의미가 없다고 생각하는 사람들이 있다. 그런 생각은 대화 자체를 부끄럽게 여기게 하고 결국 침묵 속에 스스로를 가두게 한다. 무익한 대화보다 영원한 침묵이 더 나쁘다. 따라서 어떤 종류의 대화라도 일단 필요악으로 허용해야 한다. 그 말이 엉터리 소문일지라도, 정부나 군주에 대한 애매한 비판일지라도, 반복되는 같은 이야기일지라도 말이다. 아롱스가 격언이랍시고 멋대로 지껄여도 내버려 두어야 하며, 메렌드가 자신의 편두통, 불면증, 먹는 약 등 자기 이야기만 하더라도 내버려 두어야 하는 것이다.

5

대화를 잘하는 사람은 자신의 그 재능을 과장해서 드러내 보이지 않고 타인이 직접 찾아내게 만든다. 당신과 대화하는 누군가가 자기의 기지와 말솜씨에 만족을 느낀다면, 그는 바로 당신과의 대화에 만족하는 것이다. 사람은 상대를 칭찬하고 싶어하지 않는다. 그저 자신이 상대의 마음에 들기를 바랄 뿐이다. 박수를 받고 호감을 얻고 싶어할 뿐, 가르침을 얻거나 진정한 기쁨을 느끼는 것에는 관심이 없다. 따라서 가장 섬세한 쾌락은 바로 타인의 쾌락을 만들어줄 때 느낄 수 있다.

6

말을 하거나 글을 쓸 때 지나치게 상상력을 발휘해서는 안 된다. 공상은 유치하고 의미 없는 관념을 만들어낼 뿐 우리의 취향을 완성하고 더 나은 사람으로 발전시키는 데에 아무런 도움이 되지 않기 때문이다. 우리는 사상을 이성과 양식으로 길러야 하고 스스로 판단한 결과에 따라 얻어야 한다.

7

말을 근사하게 할 수 있는 재치가 없는데, 침묵을 지킬 판단력마저 없다면 그는 정말 불행한 사람이다. 동시에 가장 무례한 사람이다.

8

대화를 잘하는 사람은 유창하면서도 정확하게 말할 뿐 아니라 때와 상황에 맞춰 적절한 말을 할 줄 안다. 건강상의 이유로 식사를 하지 못하는 사람에게 방금 진수성찬을 즐기고 왔다는 얘기를 하거나, 아픈 사람에게 건강을 자랑하거나, 경제적 문제로 힘들어하는 사람 앞에서 부유함을 과시하거나, 비참한 상황에 있는 사람에게 행복하다고 떠들어대는 사람들은 대화 기술의 마지막 요건을 갖추지 못한 셈이다. 이렇게 가혹한 대화는 역겹고 가증스러울 뿐이다.

하는 말마다 타인을 향한 모욕인 사람들이 있다. 말할 수 없이 날카롭고 가혹한 사람들이다. 악의와 쓴맛이 그들의 말투에 가득 담겨 있다. 경멸과 조롱은 마치 침처럼 그들의 입술에서 흘러나온다. 차라리 벙어리나 바보로 태어났다면 좋았을 텐데. 그런 사람들이 가진 예리함은 타인에게 무지함보다 더 심각한 해를 입힌다. 그들은 날카롭게 받아치는 것만으로 만족하지 못하고 말로 무차별 공격을 가하며 안하무인으로 행동한다. 상대가 그 자리에 있든 없든 그들은 자기 혀에 걸리는 모든 사람을 공격한다. 마치 숫양처럼 정면으로, 또 측면으로 정신없이 사람을 들이받는다. 하지만 숫양의 뿔을 어찌할 수 없듯이 타고난 잔인한 성품은 고치기 어렵다. 따라서 우리가 선택할 수 있는 최선의 방법은 그들을 발견하자마자 온 힘을 다해 도망치는 일이다.

큰 선행을 베푸는 미덕을 가졌더라도 어울리기 힘든 사람이 있을 수 있다. 큰 일에만 집중하느라 사소한 일은 무시하는 태

도가 사람들을 불쾌하게 할 수 있기 때문이다. 사소한 주의만 기울인다면 그런 일을 막을 수 있다. 불친절하고 오만한 인간이라는 평가를 받기 위해서는 특별히 해야 할 일이 없는 반면 존경을 받기 위해서는 사소한 일까지도 신경을 써야 하는 것이다.

11

예절이 반드시 감사와 정중함, 공정함, 선한 마음을 불러일으키는 것은 아니다. 그러나 적어도 그렇게 보이도록 해준다. 인간의 내면이 갖추어야 할 모습을 외적으로 나타나게 하는 것이다.

예절의 정신을 정의할 수는 있지만, 그 실천 방법을 정하기는 매우 어렵다. 풍습과 관용, 시대와 장소, 그 구성원들과 결부되어 있어 환경에 따라 다를 수밖에 없기 때문이다. 그러나 실천법을 논하지 않고 정신 하나만으로 예절을 판별할 수는 없다. 정신은 사람으로 하여금 예절을 모방하여 따르게 하고, 이를 통해 스스로를 완성하게 한다.

반면, 재능과 미덕만이 예절보다 위대하며 중요하다고 믿는 사람들이 있다. 그러나 예절에서 나오는 세련된 태도와 말씨가 그 사람의 가치를 정하고 상대를 유쾌하게 하는 것은 사실이며, 예절 없이 자기 존재 가치를 유지한다는 건 엄청나게 뛰어난 재능이 아니고서는 불가능한 일이다.

예절의 정신이란 우리가 말과 태도로 서로를 만족시키는, 일종의 행동 지침이다.

12

당신 앞에서 노래를 부르거나 악기를 연주하는 사람들에게 다른 가수나 연주자를 지나치게 칭찬한다면, 그것은 예의에 어긋나는 일이다. 자기가 지은 시를 읽어주고 있는 사람 앞에서 다른 시인을 칭찬하는 일도 마찬가지다.

13

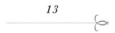

선물, 만찬이나 연회 등 타인을 위한 모든 즐거움은 매우 성대하게 베풀거나, 아니면 그의 취미나 기호에 맞추어 베풀어야 한다. 물론 후자가 더 바람직하다.

14

모든 칭찬을 냉담하게 거절하는 것은 생각보다 야만적인 일이다. 그 칭찬이 선의로부터 나왔고, 내 안의 가치 있는 부분을 향한 진심 어린 것이라면, 우리는 오히려 깊은 감명을 받아야 할 것이다.

15

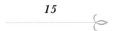

이 세상에 가득한, 사람들의 갖가지 볼품없는 성격을 견뎌내지 못하는 것도 그리 좋은 성격은 아니다. 교제에는 여러모로 품이 들기 마련이니까.

16

골머리 썩이는 일이 있는 사람들, 서로 불평불만을 늘어놓는 사람들과 함께 생활하는 것은, 법정에 갇혀 밖으로 나오지 못한 채 하루 종일 소송 이야기만 듣고 있는 것과 마찬가지이다.

17

둘도 없이 친밀한 관계로 일생을 보낸 두 사람이 있다. 그들의 재산은 공동 소유나 다름없었고, 그들은 살았으며, 한 번도 서로의 곁을 떠난 적이 없었다. 여든 살이 넘어서야 그들은 서로 헤어져야 하고 교제를 끊어야 한다는 걸 깨달았다. 그들에게는 여생이 딱 하루뿐이었지만, 그 하루를 함께 보낸다는 건 두 사람 모두에게 끔찍한 일이었다. 그들은 서둘러 관계를 끊었다. 죽기 전에 서둘러야 했다. 지금까지 보여준 친절은 이미 바닥이 났고, 오랜 관계의 모범이 되기에 그들은 너무 오래 살았다. 만약 헤어짐이 조금만 더 빨랐더라면 그들은 사이좋게 죽어갔을 것이다. 그리고 보기 드문 우정으로 귀감이 되었을 것이다.

18

평온하고 행복해 보이는 외관이 우리의 눈을 속이고, 존재하지 않는 평화가 그곳에 있다고 상상하게 하는 동안, 그 가정 안에서는 흔히 혐오와 불신, 질투로 인해 난리가 난다. 이런 비밀을 다른 사람들이 감지하기란 쉽지 않다. 당신이 찾아왔기에 급히 싸움을 중단했을 뿐, 그들은 다시 싸움을 시작하기 위해 당신이 돌아가기만을 기다린다.

19

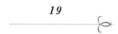

나이가 들어 친척 간에 유산 상속으로 인한 문제가 생긴 경우, 그들은 똑같은 일을 경험한 사람에게만 자신의 혹독한 고통을 털어놓을 수 있다.

20

클레앙트는 교양 있는 신사로, 그의 아내 역시 사교계에서 가장 뛰어나고 분별 있는 여성이었다. 두 사람은 각자 활동하는 사교계에서 즐거움을 만끽하고 있었다. 어디 가서도 그 이상 성실하고 세련된 태도는 찾아볼 수 없었다. 하지만 그들은 다음 날 헤어졌고, 공증인의 집에서 이혼 서류를 치밀하게 작성했다.

이 세상에는 공존할 수 없는 미덕, 같이 살 수 없게끔 만들어진 가치가 존재한다.

아버지는 사위보다는 며느리를 사랑하기 마련이다. 어머니는 며느리보다는 사위를 사랑하기 마련이다. 이렇게 서로 상쇄되는 법이다.

G와 H는 도시에서 멀리 떨어진 시골에 산다. 두 사람의 땅은 맞붙어 있고 그들은 이웃이다. 그 지방은 외지고 황량해서 두 사람은 고독을 피하기 위해 친해질 수밖에 없다. 그런데 두 사람은 그 원인을 설명하는 것조차 곤란한 보잘것없는 일 때문에 싸운 후 사이가 틀어졌고 두 가문은 계속 서로를 증오하며 살아가고 있다. 형제나 친척 간에도 이렇게까지 사소한 일로 싸우진 않을 것이다. 나는 세상에 단 두 사람밖에 남지 않고 그 두 사람이 이 세계 전체를 나누어 가진다 해도 둘은 곧 싸우고야 말 것이라고 확신한다. 지극히 단순한, 경계선 시비 정도에 지나지 않은 문제로도 말이다.

23

타인을 나에게 적응시키는 것보다 내가 타인에게 적응하는 편이 훨씬 더 유익하다.

24

나는 작은 마을을 만났다. 마을을 한눈에 내려다볼 수 있는 산 중턱에서 바라보니 강이 성벽을 돌아 아름다운 들판 쪽으로 흐르고 있다. 우거진 숲이 차가운 바람으로부터 마을을 보호하고 있었고 구름 한 점 없이 깨끗한 하늘 덕분에 성과 종탑의 수를 하나하나 다 셀 수 있었다. 그림 같은 풍경이었다. 나는 감탄했다. '이렇게 아름다운 곳에서 산다는 건 얼마나 행복한 일인가!' 나는 이내 마을로 내려갔다. 그리고 이틀이 채 지나기도 전에 그 마을 사람들을 닮아갔다. 나는 한시라도 빨리 그곳에서 빠져나오고 싶어졌다.

25

무식한 촌사람이나 바보는 스스로 항상 조롱이나 멸시를 받고 있다고 생각한다. 그래서 아무리 부드러운, 또 정당한 야유라도 재치와 교양을 아는 사람에게만 던져야 한다.

26

위대한 인물에게 상을 주기는 참으로 어렵다. 바로 그 위대함 때문에 수상을 거절하기 때문이다. 소인배도 마찬가지다. 그들은 의구심과 경계심 때문에 사람들로부터 도망친다.

27

재능 있는 사람들은 서로 알아보고 서로 인정한다. 따라서 존경받고 싶다면 존경할 만한 인물들과 사귀어야 할 것이다.

28

뛰어난 사람을 비웃는 것은 바보들의 특권이다. 그들은 무슨 말을 던져도 상관없기 때문이다. 궁정에 미친 사람들이 있듯이 사교계에도 미친 자들이 있는 법이다.

29

우롱은 재치가 부족한 사람이 저지르는 행동이다.

30

당신은 어떤 사람을 속이는 데 성공했다고 생각한다. 그런데 만약 그가 속은 체하고 있는 거라면 당신과 그중 누가 진짜 속고 있을까?

31

늘 불평불만을 입에 달고 살고, 칭찬할 줄 모르고, 그 누구도 마음에 들어하지 않는 사람은 그 자신 역시 아무에게도 만족 감을 주지 못하는 사람이다.

32

사람들 사이에서 경멸과 교만으로 가득 찬 태도를 보이는 이 들이 있다. 만약 그러한 행동을 하는 이유가 존경을 받고 싶 어서라면 정반대의 결과를 얻게 될 것이다.

33

두 사람이 성품과 풍습에 대해서는 비슷한 선호도를 갖고 있 는 반면 학문에 대해서는 약간의 의견 차이를 보일 때 비로소 교제의 즐거움이 생긴다. 토론을 통해 수양하고 학문의 깊이 를 더하며 자기 의견을 단단하게 만들어가는 과정이 여기에 서 비롯된다.

34

서로의 작은 결점을 용서할 마음의 준비가 되어 있지 않은 친구 사이라면 그 우정에는 큰 기대를 하기 어렵다.

35

우리는 큰 고통을 겪고 있는 사람을 위로한답시고 아무짝에도 쓸모가 없는 말을 얼마나 많이 늘어놓는가? 그에게 닥친 사건은 때로 이성이나 천성보다 강력한 법이다. "잘 먹고, 푹 자야지." "슬퍼서 죽겠다니 말도 안 돼. 살 생각을 해." 이런 말들은 그 사람에겐 불가능한 일을 강요하는 무의미한 언사일 뿐이다. 결국 이런 뜻을 전달하는 셈 아닐까? "그렇게 걱정을 하다니 뭔가 잘못된 거 아니야?" "네가 불행하다니 말이 돼?"

36

사람을 사귀는 데 있어 반드시 피해야 하는 충고가 있다. 충

고를 하는 사람만 만족을 느낄 뿐 받는 사람에게는 무익한 충고가 여기에 해당한다.

어떤 사람의 성품에 대해 충고하는 경우, 상대가 인정하지 않는 결점 혹은 상대는 스스로 장점이라고 여기는 단점을 지적하는 꼴이 된다. 누군가 쓴 책에 대해 충고하는 경우라면 저자 스스로 훌륭하다고 생각하며 만족하고 있는 부분을 부인하는 꼴이 된다.

이처럼 충고란 당신의 친구를 더 나은 사람으로 만들어주지도 못하고, 오히려 그의 신뢰만 잃게 만드는 것이다.

37

정열과 애정 관계를 다룬 몇 권의 소설이 한때 유행하면서 그 경박하고 유치한 문체가 궁정과 도시에 널리 퍼졌다. 교양 있는 사람들까지도 이에 심취했다. 그러나 그들은 곧 그 문체를 멀리했다. 그러자 서민 계급이 이를 흡수했다. 톡 쏘는 말투나 일부러 멋을 부리려고 에둘러 말하는 표현 방식이 곧 서민들 사이에 유행했다.

38

지저분한 이야기를 하는 경우나, 멋진 내용이지만 누구나 다 아는 이야기를 마치 새로운 이야기인 양 늘어놓는 경우나, 나는 모두 마음에 들지 않는다.

39

강경한 말투로 상대에게 무언가 주입시키려는 행동은 무지에서 나온다. 아는 게 별로 없는 사람은 방금 배운 걸 타인에게 가르쳐줘야 한다고 생각하기 때문이다. 반면 지식이 많은 사람은 자기가 말하는 내용을 타인은 모르고 있다는 걸 전혀 생각하지 않는다. 그래서 무관심한 말투로 이야기하기 마련이다.

40

중요한 일은 간단히 전해도 충분하다. 과장은 오히려 그 일의 가치를 떨어뜨린다. 반면 사소한 일은 상세하고 고상하게 전

할 필요가 있다. 그 일은 오직 표현과 말투와 전하는 태도에
의해서만 의미를 갖기 때문이다.

41

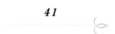

사람들은 어떤 내용에 대해 글로 쓰는 것보다 말로 할 때 더
교묘히 전달할 수 있다고 생각한다.

42

아예 전부 털어놓는 게 아니라면 모든 비밀 얘기는 위험하다.
비밀을 전부 털어놓아야만 하는 경우는 극히 드물기에 사람
들은 조금씩 비밀을 털어놓기 마련이다. 당신이 누군가에게
당신의 비밀을 숨겨야 한다는 생각이 든다면, 그때는 이미 너
무 많은 내용을 이야기해버린 때일 것이다.

43

지혜로운 사람은 때때로 권태감을 견디기 힘들어 사교계를
피하곤 한다.

Jean de La Bruyère

2장

사랑하는 이와
함께하는 것으로 충분하다

인간사는 사랑으로 시작해서 야심으로 끝난다.
결국 죽을 때가 아니면 마음이 조용할 날이 없다.

1

순수한 우정 속에는 말로 표현하기 힘든 기쁨과 미덕이 있는데, 속된 사람은 그런 우정에 도달하지 못한다.

2

예의를 지킨다면 남녀 사이의 우정도 존재할 수 있다. 그렇다해도 항상 여자는 남자를 남자로 보고, 남자는 여자를 여자로 본다. 이 관계는 연애도 아니며 또한 순수한 우정도 아니다. 이것은 특별한 관계이다.

3

사랑은 갑자기 생겨난다. 육체적 아름다움에 이끌려, 별다른 고민 없이 결정되어버린다. 반면 우정은 시간이 흐르면서 서서히 형성되며 많은 기지와 선량함, 친절과 애정, 봉사가 필요하다. 그러나 이토록 오랜 시간을 들여 이룩한 것이 어떤 아름다운 얼굴이나 아름다운 손이 한순간에 이룩하는 것에 훨씬 못 미치는 경우가 많다.

4

시간은 우정을 강화시키고 사랑을 약화시킨다.

5

사랑은 그 자체의 힘으로 생존할 뿐만 아니라 질투, 변덕, 잔인함, 반감 등 가지지 않는 게 더 좋은 감정들에 의해서도 계속 타오른다. 반면에 우정은 지원군이 필요하다. 배려, 신뢰, 친절이 없으면 소멸해버린다.

6

완벽한 우정보다 열광적인 사랑이 눈에 더 띄기 마련이다.

7

연애와 우정은 서로 배척한다.

8

과거에 강렬한 사랑을 한 적 있는 사람은 우정을 소홀히 한다. 우정에 모든 열정을 쏟고 있는 사람이 있다면 그는 아직 사랑을 위해서 아무것도 해본 적이 없는 사람이다.

9

연애는 사랑에 의하여 시작된다. 아무리 강력한 우정이라도 연애로 옮겨 가게 되면 이전보다 더 약한 관계가 될 수밖에

없다.

10

연애를 위해 지속하는 교제만큼 강한 우정과 닮은 것도 없다.

11

진정한 사랑은 오직 첫사랑뿐이다. 그다음 사랑은 첫사랑만큼 무의식적으로 이루어지지는 않는다.

12

사랑은 갑자기 시작되지만 벗어나는 데에는 오랜 시간이 걸린다.

13

서서히 성장하는 사랑은 격렬한 열정이라기보다는 우정에
가깝다.

14

누군가를 지금보다 백만 배 더 많이 사랑하고 싶다고 생각하
는 사람을 이길 수 있는 것은 그러한 의식조차 없이 그저 사
랑에 열중하고 있는 사람뿐이다.

15

격렬한 연애를 통해 상대를 자기 자신보다 더 사랑하고 있는
사람에게 만약 찬사를 보낸다면, 어느 쪽에 더 큰 기쁨을 주
게 될까? 사랑하는 쪽일까, 사랑받는 쪽일까?

16

남자들이란 흔히 사랑하고 싶어 하지만 대부분 그 바람은 이루어지지 않는다. 그들은 그 이유를 찾아보려고 하지만 원인을 발견하지 못한다. 감히 누가 이렇게 말할 용기를 가졌을까? 그들은 사랑보다 자유에 더 구속되어 있다고.

17

처음에 강렬한 열정에 사로잡혀 사랑에 빠진 남녀는 곧 열정이 사그라들고 결국 서로를 사랑하지 않다는 데에서 마음이 통하게 된다. 남녀 중 누가 이 관계의 파탄에 더 기여했는지는 쉽게 결정할 수 없다. 여자는 남자가 바람둥이라고 나무라고, 남자는 여자를 변덕스럽다고 책망한다.

18

연애를 할 때 사람은 매우 민감해지기 마련이지만, 우정에 있어서보다 상대의 잘못을 훨씬 더 많이 용서한다.

19

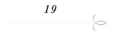

배신한 여자에게 더욱 친절하게 대하여 더 배은망덕한 사람으로 만드는 것은 그녀를 깊이 사랑하는 남자의 감미로운 복수이다.

20

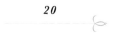

돈 없이 사랑을 한다는 건 슬픈 일이다. 재산은 사랑하는 이를 기쁘게 하고, 더 이상 바랄 게 없을 정도로 행복을 느끼게 해주는 수단이기 때문이다.

21

한 여자를 열렬히 사랑했으나 전혀 관심을 얻지 못한 경우, 나중에 그녀가 그에게 아무리 정중하게 대한다 해도 남자는 그녀를 배신자라고 여길 것이다.

22

은혜를 갚는 행위에는 은인을 향한 호의와 우정이 깃들어 있다.

23

사랑하는 사람들과 함께 있다는 것, 그것으로 충분하다. 꿈을 꾸든 깨어 있든, 그들과 대화를 나누든 나누지 않든, 그들의 일을 생각하든 관계가 없는 것을 생각하든, 모든 일이 그들 곁에 있으면 다 똑같은 것이다.

24

무관심이 우정으로 변하기보다 증오가 우정으로 변하기가 더 쉽다.

25

미움은 우정으로 변하기보다 사랑으로 변하기가 더 쉽다.

26

친구 관계에서는 서로 비밀을 털어놓지만 연인 관계에서는 비밀이 누설된다.

누군가로부터 사랑받지 않아도 그의 비밀을 듣게 되는 경우가 있다. 신뢰를 받고 있기 때문이다. 그러나 누군가로부터 사랑받고 있는 사람은 비밀이나 속내를 들을 일이 없다. 이미 그 사람에게는 모든 것이 개방되어 있기 때문이다.

27

친구에게서 발견하는 단점은 친구 자신에게 해가 될 뿐이다. 그러나 연인에게서 발견하는 단점은 우리 자신을 고통스럽게 한다.

28

연애에서는 단지 최초의 화만이, 마치 우정에서 최초의 과실처럼 관계에 도움이 된다.

29

친구 사이에 거리감이나 냉담함을 느끼는 데에는 그만한 이유가 있지만, 연인 사이에는 지나치게 사랑받는 경우를 제외하고는 사랑하지 않을 이유가 없다.

30

더 이상 사랑하지 않으려 해도 뜻대로 되지 않듯이, 영원히 사랑하리라 결심해도 마음대로 되지 않는다.

31

사랑은 싫증에 의해 죽고 망각에 의해 매장당한다.

32

연애의 시작과 끝은 단둘이 있을 때 느껴지는 거북함으로 알
수 있다.

33

사랑이 영원하지 못한 것은 인간이 유한하고 마음에 한계가
있다는 뚜렷한 증거이다.

사랑을 하는 이유는 인간이 약하기 때문이다. 사랑이 식어가
는 이유 또한 다른 의미에서 인간이 약하다는 뜻이다.

사랑이 식어가는 것은 세상을 떠난 이를 단념하며 스스로를
위로하는 일과 비슷하다. 사람에게는 영원히 울고 영원히 사
랑할 만한 힘이 없다.

34

누군가 세상을 떠나면 마음속에서 끝없이 슬픔이 흘러나올 것이다. 자신의 미덕이나 정신력으로는 이런 큰 슬픔에서 빠져나올 수 없다. 비통한 눈물을 흘리고 가슴 깊이 슬퍼할 수밖에 없다. 그러나 곧 모든 것을 단념하고 괜찮다고 자위한다. 그 정도로 사람은 나약하고 변덕스럽다.

35

행동 하나하나가 더 이상 서로 사랑하지 않음을 말해줄 때에도 그저 습관 때문에 만남을 지속하며 입으로 사랑을 말한다.

36

누군가를 잊으려 할수록 결국 그 사람을 더 생각하게 된다. 사랑은 마치 불안처럼 그로부터 벗어나려 애쓰고 고민할수록 더 커진다. 그 열정을 식히기 위해서는 자기의 열정 자체에 관심을 두지 말아야 한다.

37

사람은 연인에게 모든 행복을 가져다주려 한다. 그게 불가능한 경우에는 모든 불행을 가져다주려 한다.

38

이미 세상을 떠난 옛 연인을 그리워하는 것은 지금 미워하는 사람과 같이 사는 것에 비하면 행복한 일이다.

39

사랑하는 이에게 아무리 바라는 게 없다 해도 때로는 그 사람을 위해 받을 줄도 알아야 한다. 친구가 자기에게 무언가를 주며 느끼는 기쁨을 받으면서 함께 느낄 줄 아는 사람만이 받을 자격이 있다.

40

준다는 것은 적극적인 행동이어야 한다. 자선은 어쩔 수 없이 베풀어져서는 안 되며, 도와달라고 요구하는 이들의 집요함과 궁핍함에 굴하는 행동이어서도 안 된다.

41

사랑하는 사람에게 무언가를 주었다면, 앞으로 어떤 일이 있어도 자기가 그것을 되돌릴 기회는 오지 않을 것이다.

42

로마시대에 이런 말이 있었다. "미워하는 데에는 사랑하는 것보다 돈이 덜 든다." 즉 우정을 지키는 게 누군가를 증오하는 것보다 돈이 더 든다는 것이다. 적에게는 선물을 주지 않아도 되니 당연한 말이다. 하지만 적에게 복수를 하는 데에도 돈이 조금도 들지 않을까?

또 미워하는 사람을 괴롭힐 때 기분이 좋다면, 그 기분 좋음은 사랑하는 사람을 행복하게 해주는 기쁨과 마찬가지가 아닐까? 그러니 적에게 복수를 하지 않는다는 건 꽤나 고통스러운 일일 것이다.

43

방금 내가 무언가 베푼 사람과 시선을 마주치는 것은 은혜를 베푼 것 못지않게 기쁜 일이다.

44

배은망덕한 사람에게 베풀어진 자선, 즉 자격 없는 사람에게 주어진 은혜를 과연 그들이 은혜라고 생각할까? 물론 그렇다고 해서 그 은혜를 갚지 않아도 된다는 건 아니지만.

45

은혜란 오로지 많이 베푸는 것보다는 적절한 순간에 적당히

주는 게 더 가치 있다.

46

연민이나 동정심을 갖는 일이 우리가 불행한 사람의 처지가
되어 스스로 측은하게 여기는 일에 불과하다 해도, 왜 불행한
사람들은 그 비참함 속에서 우리로부터 위안을 얻지 못하는
것일까? 불행한 이들에게 아무런 도움을 줄 수 없다면 차라
리 배은망덕해지는 편이 낫다.

47

자기 자신에 대해 관대한 것과 타인에게 가혹한 것은 동일한
악덕이라는 점을 우리는 경험으로 알 수 있다.

48

고된 일과 고통을 잘 참으며 스스로에게 엄격한 인간일수록

타인에게 관대하다는 것은 극히 당연한 일이다.

49

형편이 어려운 사람을 떠맡는 일은 정말 불쾌하지만 막상 그
가 형편이 나아져 우리의 영향력을 벗어나게 되면 그것 역시
대단히 기쁜 일은 아니다. 마찬가지로 친구가 출세하면 기쁜
만큼이나 그가 내 수준을 넘어서거나 내 수준만큼 올라왔다
는 데 대한 작은 불안과 질투를 느끼게 된다. 이와 같이 마치
나 자신처럼 여길 만한 사람을 만난다는 건 좀처럼 어려운 일
이다. 왜냐하면 누구나 자기 뜻을 따를 사람을 원하지만 그에
대한 비용은 지불하고 싶어 하지 않고, 친구의 행복을 간절히
바라는 한편 그것이 실현되면 꼭 기쁘게만 생각하지는 않기
때문이다.

50

자기 집에 초대하며, 식사를 제공하고 비용을 지불하며 힘이
되어주겠다고 말하는 것은 대단한 일이 아니다. 중요한 것은

그 약속을 지키는 일이다.

51

자기를 위해서는 충실한 친구가 한 사람만 있어도 충분하다.
다만 그런 친구를 만가기가 쉽지 않을 뿐이다. 한편 타인을
돕기 위해서는 친구가 아무리 많아도 부족하다.

52

몇몇 사람들을 충분히 도와주었고 그들 역시 도움받았음을
인정하는데도 내 뜻을 이루지 못한 경우에 취할 수 있는 방법
은 하나밖에 없다. 이제부터는 아무것도 해주지 않는 것이다.

53

'적과 함께하되 언젠가는 친구가 될 수 있다고 생각하라, 친
구와 함께 하되 언젠가는 적이 될 수 있다고 생각하라'는 격

언은 증오의 본질에도, 우정의 법칙에도 맞지 않는다. 이는 도덕과는 전혀 상관이 없는 정치적 격언일 뿐이다.

54

더 잘 알게 되면 친구가 될 수 있을지도 모르는 사람들을 섣불리 적으로 만들어서는 안 된다. 또한 친구를 택할 때에는 신뢰할 만하고 성실하며, 만약 친구가 될 수 없는 상황이 되더라도 예전의 신뢰를 남용하거나 적이 되어 우리를 위협하지 않을 사람들을 택해야 한다.

55

애정과 존경심으로 친구를 만나는 건 즐거운 일이다. 하지만 이해관계 때문에 친구를 만나는 건 괴로운 일이다. 그건 억지를 쓰고 있는 것과 마찬가지다.

56

우리를 통해 행복을 얻으려는 사람들보다는 우리를 행복하
게 해주려는 사람들의 행복을 바라야 한다.

57

보잘것없는 일이나 환상을 좇던 날개를 성공하는 데 사용할
수는 없다. 환상을 좇을 때는 자유로움을 느끼지만 입신출세
를 위해 애쓸 때에는 노예가 된 듯한 느낌이 들기 때문이다.
그보다는 크게 출세하기를 바라면서 노력은 적게 하고 성공
을 찾아다니지 않아도 스스로 얻을 수 있다고 생각하는 편이
오히려 더 자연스럽다.

58

자신이 원하는 행복을 기다릴 수 있는 사람은 끝내 그 행복이
찾아오지 않는다 해도 절망하지 않는다. 그러나 행복을 초조
하게 바라는 사람은 성공 끝에 충분한 보상을 받기도 전에 너

무나 많은 정력을 소모해버리고 만다.

59

세상에는 어떤 일을 아주 열렬히 바라는 나머지, 그 일을 이루기 위해 해야 할 일을 하나도 빼놓지 않고 하다가 정작 그 일을 망쳐버리는 사람들이 있다.

60

가장 바라는 일은 쉽게 이루어지지 않는다. 이루어진다고 해도 기쁨을 느낄 수 있는 시기와 상황은 지나가버린 후이기 일쑤다.

61

행복해지기 전에 웃어야 한다. 웃지 못하고 죽을 수도 있기 때문이다.

62

인생은 짧다. 그것을 즐거운 시간으로만 채운다면 말이다. 좋아하는 사람과 함께 보낸 시간을 전부 합해도 고작 몇 개월밖에 되지 않을 것이다.

63

타인에게 만족하기란 얼마나 어려운 일인가!

64

미워하는 사람이 죽어가는 것을 보면 약간의 기쁨을 느끼지 않을 수 없을 것이다. 사람은 그때 자기 증오의 결실을 음미하기 마련이다. 그에게 기대할 수 있는 것, 즉 그 사람이 완전히 소멸한다는 데서 오는 기쁨을 뜯어낼 수 있을 것이다. 드디어 그가 죽어버렸다. 이제 더 이상 우리는 즐겁지 않다. 그의 죽음이 너무 빨리 찾아왔거나 너무 늦게 찾아왔기 때문이다.

65

자기 실수를 대놓고 지적하고 불만을 표시한 사람을 용서하는 일은 거만한 사람에게는 매우 고통스러운 일이다. 그의 상처받은 자존심은 그가 다시 유리한 입장이 되어 상대에게 고통을 줄 때까지 회복되지 않는다.

66

내가 큰 은혜를 베푼 사람일수록 더욱 애착을 느끼듯이, 내가 큰 상처를 준 사람일수록 점점 더 증오하게 된다.

67

원한이 생겼을 때 감정을 억제하는 일도, 그 원한을 몇 년 후까지 잊지 않는 일도 똑같이 어렵다.

원수를 미워하여 복수하려고 하는 것은 비겁하기 때문이고, 증오를 가라앉혀 복수를 실행하지 않는 것은 게으르기 때문이다.

타인이 자기를 지배하도록 놔두는 데에는 무기력함만큼이나 게으름도 작동한다.

한 사람을 아무런 준비도 없이 갑자기 좌우하려고 해서는 안 된다. 특히 그 자신이나 그의 가족에게 중요한 일이라면 더욱 그렇다. 그는 즉각 타인이 자기 생각에 가하는 압력을 느끼게 될 것이다. 그리고는 수치심과 속박으로부터 벗어나려고 할 것이다. 따라서 그를 지배하려면 사소한 일부터 시도해야 한다. 사소한 일로 시작해서 큰일까지 단계적으로 나아가면 실패 없이 그를 지배할 수 있다. 처음에는 고작 그를 시골로 보내거나 도시로 다시 부르거나 하는 정도밖에는 영향력을 미치지 못하겠지만 후에는 그로 하여금 자기 아들에게 유산을 물려주게 할 수도 있다.

누군가를 오랫동안 절대적으로 지배하기 위해서는 권력을 휘두르는 걸 최소화하고, 종속적 관계에 빠질 가능성이 있다는 걸 그가 눈치채지 못하게 해야 한다.

어느 정도까지는 타인에게 지배당하지만 한계를 넘어서면 도저히 다룰 수 없는 사람들이 있다. 그때 우리는 그들의 마음과 정신에 영향을 미치는 길을 갑자기 잃어버리게 된다. 강압적으로 나가든 겸손하게 나가든, 힘으로 밀어붙이든 술책을 쓰든 그들을 다스릴 방법이 없다. 차이가 있다면 어떤 이는 이성이 강해서 지배받지 않고, 어떤 이는 타고난 기질상 지배받지 않는다는 사실 정도이다.

이성적이고 유익한 충고에도 귀를 기울이지 않고, 남에게 지배당하기를 싫어하여 스스로 길을 잃는 사람들도 있다.

별 것 아닌 일은 기꺼이 친구들이 하라는 대로 하다가도 중요한 일에서는 친구들을 좌우하는 사람도 있다.

드랑스는 주인에게 큰 영향력을 행사하는 것처럼 보이려고 하지만, 주인이나 다른 사람들은 전혀 그런 생각을 하지 않는다. 때와 장소를 가리지 않고 자기가 시중 들고 있는 높은 사람에게 쉴 새 없이 이야기하고, 주인의 귀에 야릇한 말을 속삭이고 면전에서 크게 웃음을 터뜨리며 주인의 말에 끼어들곤 한다. 주인을 만나러 온 사람들을 업신여기거나 그들이 물러가기를 초조하게 기다리거나, 거리낌 없이 주인 곁에 다가

서거나 주인과 나란히 벽난로에 등을 기대거나 주인의 옷자락을 잡아당기며 뒤따르는 등 멋대로 행동하는 것은 주인에게 총애를 받고 있는 사람임을 드러내기보다는 그가 어리석은 사람이라는 점만 보여줄 뿐이다.

현명한 사람은 남에게 좌우되지 않고, 타인을 지배하려고 하지도 않는다. 다만 자기 이성에 의해서만 영원히 지배받기를 바란다.

그렇게 현명한 사람이라면 나는 그를 신뢰하고 몸을 맡기고 어떤 일에서든 그의 지배를 받기를 싫어하지 않을 것이다. 그렇게 되면 깊이 고민하지 않아도 많은 일을 잘 처리할 수 있게 될 것이다. 즉 나는 이성에 지배받고 있는 그 사람의 안정감을 공유하게 될 것이다.

70

어떤 종류의 정열도 다 거짓말쟁이다. 정열은 자기 모습을 꾸며내고 타인의 눈을 가린다. 자기 스스로에게도 본모습을 숨긴다. 미덕과 거짓 유사성을 가지지 않는 악덕은 없으며, 그 유사성을 이용하지 않는 악덕 또한 존재하지 않는다.

종교 서적에 감동하는 사람이 음란 서적을 보면서도 감탄한다. 인간의 마음이란 이렇듯 상반되는 사실을 융합시키고 그 모순을 허용하게 만들어진 걸까?

남자들은 무력함이나 허영심을 죄악보다 수치스럽게 여긴다. 공공연하게 부정한 짓을 저지르고 난폭하게 굴고 배신과 중상모략을 일삼는 사람이 자신의 연애나 야심은 열심히 감춘다.

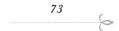

"나도 야심이 있었지"라고 말할 순간은 찾아오지 않을 것이다. 사람은 언제나 야심에 가득 차 있거나 전혀 야심이 없거나 둘 중 하나이기 때문이다. 그러나 누구에게든 "나도 사랑을 한 적이 있었지"라고 고백하는 순간은 찾아오기 마련이다.

74

인간사는 사랑으로 시작해서 야심으로 끝난다. 결국 죽을 때
가 아니면 마음이 조용할 날이 없다.

75

정열은 우리의 이성을 아주 손쉽게 유린한다. 이성을 눌러버
린 정열은 이해관계마저 극복하는 승리를 쟁취한다.

76

사람은 머리가 아닌 마음으로 더 원만하고 훌륭한 교제를 할
수 있다.

77

어떤 위대한 감정, 숭고한 행위는 재치에 의해서라기보다는

천성의 선량함에서 비롯된다.

78

은혜를 갚기 위한 아름다운 행위에 과잉이란 없는 법이다.

79

만약 연애할 때, 교활해져야 할 때 등 반드시 필요할 때 재치를
부리지 못한다면 그 사람은 아예 재치가 없는 사람일 것이다.

80

사람들이 감탄하고 감동하며 여기에 살고 싶다고 생각하게
하는 장소들이 있다.
사람은 어디에 있느냐에 따라 기분과 정열, 재치, 취미, 의견
이 좌우되는 것 같다.

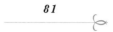

좋은 일을 하는 사람들은 선망을 받을 자격이 있다. 다만 좋은 일을 하는 것보다 더 나은 일이 있는데 그것은 바로 좋은 일을 더 자주 하는 것이다. 이는 그를 시기하는 사람들을 향한 감미로운 복수이기도 하다.

어떤 이들은 사랑에 빠졌다는 것, 시를 쓴다는 사실을 숨긴다. 이를 군이 말할 필요 없는 약점이라 여기며 말이다. 하나는 마음의 약점이고 다른 하나는 머리의 약점이라고 생각한다.

살다 보면 우리에게 금지되어 있기에 더 가지고 싶은, 귀하고 아름다운 유혹이 있다. 이를 이겨낼 수 있는 것은 미덕의 힘으로 그 매력을 단념할 수 있는 사람들뿐이다.

Jean de La Bruyère

3장

우리는 모두 위대한
보통의 존재들이다

위대한 천재들도 절호의 기회를 놓치곤 한다.

즉 이미 오래전에 이룬 일을 이제야 인정받는 천재도 있고,
아직 인정받지 못했다 해도 훗날 기회만 주어진다면
천재로 불릴 사람들이 있다는 이야기다.

1

대단한 재능을 지닌 사람이라고 해도 죽음에 이르면 누구나 자신의 쓸모없음을 깨닫게 된다. 자신이 없어져도 무감한 세계, 자신을 대신할 수많은 사람이 존재하는 세계로부터 떠난다는 걸 알게 되기 때문이다.

2

유명한 사람들이 지녔다고 일컬어지는 가치는 실제로는 허울뿐인 경우가 많다. 가까운 거리에서 보면 별 볼 일 없는 사람들이 멀리서 보면 꽤 당당한 인간으로 보이듯이 말이다.

3

탁월한 재능을 지닌, 존경받아야 할 천재들이 사람들의 입에 오르지도 못하고 죽는 경우가 얼마나 많은가? 사람들의 입에 오르지 못했고 앞으로도 결코 오르지 못할 사람들이 이 순간에도 얼마나 많이 살아가고 있는가?

4

자기가 나서서 타인의 가치를 찾아내는 사람은 없다. 남을 탐구하거나 알아볼 여유가 없기 때문이다. 인간은 자기 자신의 일로 꽉 차 있는 법이다. 그래서 가치 있는 겸손한 이들이 오랫동안 알려지지 않는 것이다.

5

위대한 천재들도 절호의 기회를 놓치곤 한다. 즉 이미 오래전에 이룬 일을 이제야 인정받는 천재도 있고, 아직 인정받지 못했다 해도 훗날 기회만 주어진다면 천재로 불릴 사람들이

있다는 이야기다.

6

위대한 명성을 떨치는 일만큼 고통스러운 것도 없을 것이다.
초고를 어떻게 고칠까 고민하는 사이에 작품의 생명이 끝나
버리니 말이다.

7

훌륭한 인격을 갖춘 사람은 자기 의무를 실천하는 일, 그 자
체로 기쁨을 느낀다. 그에 따르는 칭찬이나 감사, 존경에는
무관심하다.

8

용기 있는 사람이 책무를 이행하는 일은, 마치 일꾼이 지붕에
기와를 올리는 일과 같다. 둘 다 똑같이 목숨을 위험에 내맡

기기를 바라지 않지만 위험하다고 해서 일을 멈추려고도 하지 않는다. 죽음은 그들에게 일하는 중에 발생할 수 있는 사고에 불과할 뿐 절대로 장애물은 될 수 없다. 참호에 들어가 요새를 탈취하고 적진을 타파하는 일은 지붕이나 종탑 꼭대기에 기어 올라가는 일과 똑같이 별로 자랑할 만한 것이 못 된다. 허세를 부리는 사람이 뭇사람들에게 좋은 평판을 받으려고 애를 쓰는 것과 다르게, 그들은 다만 일을 잘하려고 온 정성을 다할 뿐이다.

9

초상화에 음영이 들어가야 비로소 인물이 살아나듯이 공적도 겸손이 뒤따라야 힘을 얻는다. 단순한 겉모습은 보통 사람들이 입는 몸에 알맞게 재단된 옷이다. 그러나 위대한 행위는 그것으로 생애를 채우는 사람들에게 일종의 장식이다. 자기 자신에 만족하는 사람들, 자신에게 상당한 성공을 가져다준 어떤 행위나 작품에 만족하는 사람들은 겸손이라는 것이 위대한 인간에게 썩 잘 어울린다는 소문을 듣고는, 큰 용기를 가지고 겸손한 체한다. 그것은 키도 크지 않은 사람이 머리를 부딪힐까 겁이 나서, 문턱에서 몸을 숙이는 것과 마찬가지 행동이다.

친구의 행운이나 불행에 관심을 기울이기보다 그들의 미덕에 관심을 가져야 한다. 그리고 그들이 불운한 신세가 되어도 함께해야 한다고 느낀다면, 그들이 번영의 절정에 이를 때까지 꿋꿋이 자신감을 가지고 교제를 계속해야 한다.

보기 드문 것에는 정말 강하게 마음이 끌리면서, 미덕이라는 것에는 왜 이토록 마음이 움직이지 않는 것인가!

이름난 집안에 태어난 것이 그토록 행복한 일이라면, 집안이 있는지 없는지조차 알 수 없게 되는 것도 그것 못지않은 행복

이라고 할 수 있다.

13

세상에는 드물게 뛰어난 인물이 나타나서 이름을 떨치고 걸
출한 자질을 빛내기도 한다. 그가 어떻게 왔는지, 또 어디로
사라지는지 아무도 알지 못한다. 그에게는 조상도 없으며 후
예도 없다. 오직 그들만의 혈통을 가졌을 뿐이다.

14

현명함은 우리에게 의무와 그것을 이행할 책임감을 준다. 만
일 거기에 위험이 깃들어 있다면 그 위험도 함께 준다. 그리
고 현명함은 용기를 북돋워주든가, 아니면 그 의무를 대신할
다른 역할을 준다.

15

자기가 추구하던 예술에 뛰어난 재능을 발휘하여 완벽해지면, 사람은 그것을 더 고상하고 더 높은 차원의 것들에 견주려고 든다. 그러나 V는 화가이며, C는 음악가이며, 「피람므」의 저자는 시인임에 틀림없다. 또한 미냐르는 미냐르이고 릴리는 릴리이며, 코르네유는 어디까지나 코르네유 자신인 것이다.

16

아내를 갖지 않은 자유로운 인간은 재간만 조금 가졌다면 자기 운명을 초월하여 출세할 수 있으며, 사교계에 발을 들여놓을 수도 있고, 가장 교양 있는 신사들과 어깨를 나란히 하는 사람이 될 수도 있다. 이런 일은 속박을 받는 사람에게는, 특히 결혼이라는 틀에 갇힌 사람에게는 그리 쉬운 일이 아니다.

17

큰 명예를 얻기 위해서 공적 다음으로 필요한 것은 뭐니 뭐니 해도 높은 지위와 당당한 직함이다. 에라스무스 같은 위인이 될 수 없다면 성직이라도 차지해야 한다. 어떤 사람들은 명성을 떨치기 위해 귀족의 칭호나 신분을 나타내는 목걸이를 걸고, 주교의 직위나 로마 추기경의 지위를 가지려 한다. 또한 그들은 로마 교황의 삼중관까지도 필요로 한다. 그러나 트로핌이 추기경이 되려면 무엇이 필요했을까?

18

피레몽의 옷은 황금빛으로 찬란하게 빛난다고 당신들은 말한다.

"상인의 집에 걸려 있을 때에도 그와 같이 찬란하게 빛났습니다."

"그가 걸친 옷의 천은 정말 훌륭해."

"그 천이 가게에서 원단으로 있을 때에는 그 훌륭함이 덜하기라도 하다는 건가요? 자수나 장식이 거기에 한층 화려함을 더해주고 있는 거죠."

"그렇다면 나는 직공의 손재주를 찬미해야겠네."

"누가 시간을 물으면, 그는 시계를 꺼냅니다. 그 시계가 또 걸
작입니다. 그가 찬 검의 날밑은 줄마노랍니다. 손가락에는 큼
직한 다이아몬드 반지를 끼고 있는데, 사람들 눈을 부시게 할
정도죠. 그런데 그것이 또 기막히게 멋진 거죠. 사람들이 필
요나 허영을 위해서 몸에 붙이는 물건들 중 무엇 하나 그에게
는 부족하지 않죠. 돈 많은 할머니와 결혼한 청년 이상으로,
온갖 종류의 장식품 중에 빠지는 것이 하나도 없습니다."

"드디어 당신은 나의 호기심을 불러일으키는군. 그렇게 귀중
한 물건들이라면 꼭 볼 필요가 있겠는데? 피레몽의 그 옷과
보석을 나에게 보내주게. 사람 쪽은 당신에게 맡기기로 하지.
이 호사스러운 마차와, 자네 뒤를 따르는 수많은 얼간이들과,
자네를 끌고 다니는 그 여섯 마리의 짐승 때문에 사람들이 피
레몽을 우러러보고 있다고 생각한다면, 그는 착각을 하고 있
는 걸세. 겉멋이나 부릴 줄 아는 오만한 그의 속을 생각하면,
사람들은 그의 사람됨과 관계가 없는 이런 모든 사치스런 도
구들만을 보는 걸세.

당당한 행렬과 화려한 의복과 마차를 가졌다고 해서, 자기가
훨씬 훌륭한 가문에 속하고 훨씬 많은 재치를 지녔다고 믿는
자를 관대하게 볼 필요는 더욱 없네. 그는 그것을 자기에게 말
을 건네는 사람들의 얼굴빛이나 눈빛에서 읽을 수 있을 거야."

19

우리 프랑스에서 병사는 용감하고, 법관은 현명하다. 그 이상은 아니다. 고대 로마에서 법관은 용감했고, 병사는 현명했었다. 그리고 로마인은 한 사람 한 사람이 병사이자 법관이었다.

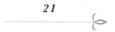

영웅은 전쟁터에서 태어난다. 위인은 연구실이나 궁정, 그 모든 곳에서 나올 수 있다. 그러나 이 둘을 하나로 합쳐도 마음이 어진 사람에게는 미치지 못한다.

전쟁에서 영웅과 위인의 차이는 미묘하다. 이들은 군사적 수완을 가졌다는 공통점이 있지만, 전자는 젊고 모험적이고 큰 용기를 지니고 있고 위험에 초연하고 대담하기 이를 데 없으며, 후자는 넓은 마음과 사려 깊음과 선견지명과 고도의 능력과 오랜 경험으로 뛰어남을 보인다. 어쩌면 알렉산드로스 대왕은 단순한 영웅에 불과하며, 카이사르가 위인인지도 모른다.

22

신의 아들들[1]은 자연의 법칙에서 벗어난 사람들처럼 보인다. 그들은 세월에 거의 영향을 받지 않으며, 나이를 앞지르는 재능을 가지고 있다. 그들은 태어날 때부터 교양을 갖추고 있으며 평범한 사람들이 소년 시절을 빠져나올 무렵에는 이미 완전한 어른이 되어 있다.

23

편협한 정신을 가진 근시안적인 사람들은 흔히 동일한 개체의 보편적 재능을 이해하지 못한다. 예를 들면 유쾌한 것을 보면 거기에서 견실한 것을 배제한다. 경쾌함이라든가 유연함이라든가 능숙함이라든가 육체의 우아함 같은 것을 발견했다고 생각하면, 어느새 거기에 마음속의 바람, 사려 깊음이나 현명함과 영혼의 실재 같은 것을 허용하려 들지 않는다. 그들은 소크라테스에 대해 이야기할 때, 그가 때로는 춤을 추기도 했다는 내용은 빼버릴 것이다.

24

주변 사람들에게 필요한 일을 할 만큼 했으므로 더 바랄 것이 없다고 할 정도로 완전한 사람은 없다.

25

한 번도 본 적 없는 모프스라는 사람이 나를 찾아왔다. 그는 자기가 알지 못하고 또 상대방도 자기를 알지 못하는 누군가의 집에 데려가달라고 부탁한다. 그는 얼굴밖에 모르는 여자에게도 편지를 쓴다. 전혀 면식이 없는 존경받는 사람들의 모임에도 슬그머니 끼어든다. 그리고 질문을 기다리지도 않고 점잖은 사람들의 이야기를 가로막고 있다는 것도 느끼지 못한 채, 안하무인격으로 혼자 지껄인다. 어느 날 그는 어느 집회에 끼어들어 주위에 아랑곳하지 않고, 자리를 잡고 앉았다.

사람들은 장관이 앉기로 되어 있는 그 자리에서 그를 내쫓았다. 그러자 이번에는 공작과 원로의 자리에 가서 앉았다. 사람들의 웃음거리가 되었지만, 오로지 그 혼자만은 웃지 않고 엄숙했다. 왕의 옥좌에서 개를 내쫓으면 개는 설교자의 연단 위로 올라간다. 개는 무관심한 표정으로 당황함도 없이 아무런 수치도 느끼지 않고 주위를 둘러본다. 개 역시 얼간이처럼 얼굴을 붉힐 줄 모른다.

26

여름과 겨울을 보낼 방이 따로 있는 아흔아홉 칸 집에서 사는 사람이, 루브르의 천장 낮은 이층집에 와서 잔다고 해서 겸손한 마음에서 나온 행동이라고 볼 수는 없다. 날씬한 몸매를 유지하기 위해 술을 삼가고, 하루 한 끼만 먹는 남자는 절제를 하는 것도 아니고 식이요법을 하는 것도 아니다. 만약 가난한 친구 때문에 골치를 썩던 남자가 드디어 그 친구에게 약간의 원조를 해주었다면 그는 돈을 주고 휴식을 산 것이지, 인심이 후하다고 할 수는 없다. 동기만이 인간 행위의 가치를 결정짓는 것이며, 청렴이 거기에 완전함을 부여한다.

타인에게 은혜를 베푸는 사람은 착한 사람이다. 베푼 은혜 때문에 고통을 받는다면 그는 매우 착한 사람이다. 그가 은혜를 베푼 사람들 때문에 고통을 받는다면 그의 선량함은 매우 위대하다고 할 수 있다. 그 이상으로 선량함이 커지는 것은 그의 고통이 커지는 정도에 비례한다. 만약 그가 그것 때문에 죽는다면 그의 미덕은 그야말로 최고에 도달할 것이며, 영웅으로 추앙받을 것이다.

Jean de La Bruyère

4장

성공의 이면을 볼 수 있어야 한다

어떤 부류의 사람들이 가진 거액의 돈을 부러워하지 말자.

그들은 그 부를 소유하는 대가를 치르고 있고,
그 대가는 우리가 치르기엔 너무나 크다.

그들은 부를 소유하기 위해 자신의 건강과 편안함,
명예와 양심을 대가로 치렀다.

이는 너무도 비싼 대가인데, 사실 그런 비싼 값을 치르고라도
얻을 수 있는 것이란 게 세상엔 별로 없다.

1

부자는 온갖 산해진미를 먹고, 화려한 침실과 거실에서 살고, 도시 저택과 시골 별장을 짓고, 멋진 마차를 타고 다니며, 아들을 귀족으로 만들 수 있다. 이는 전적으로 그의 권한에 속한다. 하지만 만족스러운 삶이란 아마도 다른 부류의 사람들이 향유하는 삶일 것이다.

2

좋은 가문에서 태어나거나 막대한 재산을 물려받았다는 사실은 그 사람의 가치를 세상에 알리고, 세상이 그 가치에 더 빨리 주목하게 만든다.

3

자존심이 강하고 야심으로 가득 차 있지만 어리석기 짝이 없는 남자의 야망을 달래주는 것은 세상 사람들의 친절이다. 즉 그가 부자가 되면 사람들은 친절하게도 이전에는 그에게 없던 가치, 그리고 앞으로 그가 가질 수 있는 가치를 찾아준다.

4

권세가를 좇던 사람이 그들에게서 버림받으면 권세가의 총애와 막대한 지원이 떨어져 나가면서 지금까지 감추어져 있던 졸렬함과 옹졸함이 드러난다. 아무도 보지 못했지만 늘 그의 내면에 존재하고 있었던 부끄러운 면모가 스스로를 감출 길이 없어지는 것이다.

5

자기가 직접 경험하지 못한 경우, 돈의 많고 적음이 초래하는 엄청난 불균형을 상상할 수 있는 사람은 없을 것이다. 그 사

람이 얼마나 부유한가에 따라 검사가, 법관이, 교회가 그 사람에 대한 처분을 결정한다. 그 외의 천명 혹은 운명 따위는 존재하지 않는다.

6

두 여인은 같이 자랐고, 이웃에서 같은 장사를 했다. 똑같은 나이와 처지가 그들을 친밀하게 했다. 그런데 훗날 그들의 재산은 하늘과 땅만큼 격차가 벌어졌다. 형편이 어려워진 한 여인은 가난으로부터 탈출하기 위해 일자리를 찾았다. 운 좋게 궁정에서 이름 높은 귀부인의 시중을 들게 되었다. 그 귀부인은 바로 그 여인과 같이 자란 친구였다.

7

재무 담당 관리가 인정받지 못하면, 다른 고급 관리들은 "그자는 귀족이 아니야. 볼품없는 상놈이야"라고 헐뜯는다. 반면 그가 성공하면 그에게 딸을 달라며 간청한다.

8

사람은 젊은 시절 임시로 한 일에 평생 머무르게 되기 마련이다. 비록 전혀 다른 쪽 일을 하기 위한 시도였다 해도 말이다.

9

키 작고 못생기고 이렇다 할 재능도 없는 한 남자를 만났다. 사람들이 나에게 나지막히 일러주었다. "저 사람은 1년에 5만 리브르나 번답니다." 이건 전적으로 그 사람 개인의 사정이고 그 사실이 내게 좋을 것도 나쁠 것도 없다. 그런데 그 얘기를 들은 내가 그를 달리 보기 시작한다면, 나는 얼마나 어리석은 사람인가?

10

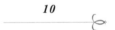

굉장히 어리석지만 굉장히 돈이 많은 부자를 웃음거리로 만들려고 했다가는 곤경에 처할 것이다. 당신의 농담에 웃었던 사람조차 부자의 편에 설 게 뻔하기 때문이다.

11

험악한 인상의 문지기를 거느리고 웅장한 현관과 대기실을
가진 사람이, 손님을 몇 시간이나 기다리게 하고서도 미동 없
는 얼굴과 걸음걸이로 나타나 손님과 고작 몇 마디 주고받고
배웅도 하지 않고 보낸다면, 설사 그가 다른 곳에서는 아무리
형편없는 인물로 여겨진다고 해도 그 자리에서만큼은 그에
게 존경에 가까운 무언가를 느끼게 될 것이다.

12

크리티퐁, 나는 당신을 만나러 갑니다. 당신에게 용건이 있어
어쩔 수 없이 찾아가는 것이니 내가 당신에게 귀찮게 매달리
는 사람이라고 생각하지 말아주십시오. 당신의 노예들이 당
신은 지금 방에 있다고 한 시간 뒤에 나를 만날 수 있을 거라
고 말합니다.

나는 그들이 말한 시간보다 더 빨리 다시 방문합니다. 그러자
그들이 내게 당신이 집을 비웠다고 말합니다. 크리티퐁, 당신
은 대체 이 저택의 가장 깊숙한 곳에서 무엇을 하고 있나요?
내 이야기를 들어줄 수 없을 정도로 바쁜 일이란 대체 무엇입

니까? 뭔가를 기억해내거나, 장부를 대조하거나, 서류에 서명을 하거나 서명 끝에 장식 문양을 그리고 있겠죠.

당신은 뭔가 남다른 인물이 되고 싶어서 이런 행동을 하는 건가요? 그렇다면 당신을 찾아오는 사람들에게 힘이 되어주면 됩니다. 그렇게 숨어 있기보다 찾아오는 이를 돕는 행동을 통해 훨씬 돋보일 수 있을 겁니다. 오, 고귀하고 바쁘신 인간이여, 언젠가 당신에게 내 도움이 필요하면 언제든 누추한 내 방으로 찾아오십시오. 철학자는 방문객을 언제나 환영합니다.

나는 당신과의 만남을 결코 다른 날로 미루지 않을 겁니다. 당신은 플라톤을 탐독하는 나를 만날 수 있을 겁니다. 혹은 토성이나 목성의 거리를 재기 위해 펜을 들고 있을지도 모릅니다. 나는 신이 이룩한 수많은 업적 속에서 사랑과 진리, 질서를 찾아 더 나은 인간이 되려는 마음가짐을 하고 있습니다. 어서 들어오십시오. 문은 활짝 열려 있습니다. 내가 가진 작은 대기실은 나를 기다리라고 만들어놓은 게 아니니까요. 내게 연락할 필요도 없이 곧장 내 방으로 들어오시면 됩니다. 만약 당신에게 도움을 줄 기회를 선사하러 오신 거라면 그것은 금은보화보다 값진 시간이 될 겁니다. 얘기를 해보세요. 어떻게 당신을 도와드리면 될까요? 책읽기와 연구, 집필을 멈추고 도와드릴 수 있습니다.

당신을 돕기 위해 내 일을 멈추는 건 정말 행복한 일입니다.

돈을 만지는 사람, 사업가는 다루기 힘든 곰과 같습니다. 웬 만큼 고생하지 않고서는 그를 만나기가 어렵습니다. 무슨 말을 해도 그를 만날 수는 없습니다. 처음 찾아갔을 때는 아직 그를 만나지 못한 거고, 그 후로는 영원히 그를 보지 못하게 되니까요. 하지만 문학을 하는 사람은 만나기가 무척 쉽죠. 마치 광장 한 모퉁이에 박혀 있는 말뚝처럼 말입니다. 누구든, 언제 어디서든, 어떤 경우든, 식탁이든 침실이든, 그가 알몸이든 옷을 입었든, 건강하든 건강하지 않든 그를 만날 수 있습니다. 그는 귀한 사람이 될 수가 없고, 되기를 바라지도 않습니다.

13

어떤 부류의 사람들이 가진 거액의 돈을 부러워하지 말자. 그들은 그 부를 소유하는 대가를 치르고 있고, 그 대가는 우리가 치르기엔 너무나 크다.

그들은 부를 소유하기 위해 자신의 건강과 편안함, 명예와 양심을 대가로 치렀다. 이는 너무도 비싼 대가인데, 사실 그런 비싼 값을 치르고라도 얻을 수 있는 것이란 게 세상엔 별로 없다.

14

자기들끼리만 뭉치는 부자들을 보며 우리는 감정의 소용돌이를 단계별로 느낀다. 먼저 그들의 천박함을 경멸한다. 그다음에는 그들을 부러워한다. 그다음에는 증오하고, 두려워하며, 때때로 그들에게 경의를 표한다. 마지막 단계인 동정심에 이르기까지는 오랜 시간이 필요하다.

15

하인으로 일하던 사람이 소작을 주게 되었다. 그리고 곧 과도한 징수와 협박, 무분별한 권리 행사로 몇몇 소작농을 파산시키고 부를 거머쥐었다. 그 공적으로 귀족이 된 그에게 부족한 게 있다면 인간으로서의 선량함뿐이었다. 그러나 그는 교회에 나가고 재산 관리 위원이라는 직함을 얻으면서 자신의 부족한 부분마저 채우는 기적을 만들었다.

16

크레쥐스가 묘지로 운반된다. 그는 절도와 공금 횡령으로 벌어들인 막대한 재산을 사치와 미식으로 탕진해버렸고, 누구의 도움도 받지 못한 채 죽어버렸다. 그에게는 자신의 장례를 치를 돈조차 남지 않았다. 그의 집에서는 갖가지 약도, 강심제도, 의사도, 저승에서의 안락을 보증해줄 신부의 그림자도 찾아볼 수가 없다.

17

샹파뉴는 그의 위장을 가득 채워준 오랜 시간의 만찬에서 빠져나와, 값비싼 포도주의 달콤한 취기에 빠진 채 제출된 서류에 서명한다.

그 서류에는 특단의 구제 방법을 강구하지 않으면 한 지역 전체에서 주식인 빵을 빼앗기게 된다는 중대한 내용이 담겼다. 그러나 그는 용서를 받을 만도 하다. 자신이 미처 소화를 시작하기도 전에, 어딘가에는 굶주림으로 인해 죽어가는 사람들이 있다는 사실을 이해할 수 있는 무슨 방법이 있겠는가?

18

실뱅은 돈으로 지위와 이름을 샀다. 그는 이제 그의 선조가 인두세를 지불했던 작은 교구의 영주가 되었다. 그는 옛날 같으면 크레오빌 가문에 시동으로도 들어가지 못했을 것이다. 그러나 지금은 그 집안의 사위다.

19

드뤼스는 가마를 타고 아피아 가도를 지나간다. 앞에서는 그가 해방시켜준 노예와 노예 무리가 사람들을 쫓으며 길을 만든다. 그에게 없는 것이 있다면, 전투용 도끼로 무장한 호위병뿐이다. 그는 이 행렬을 거느리고 로마로 들어간다. 그곳에서 그 아버지의 비천함과 가난함을 딛고 얻어낸 승리를 자랑하는 듯 의기양양하다.

20

페리앙드르처럼 자기 재산을 잘 사용하는 사람은 없을 것이다. 그는 부를 이용해 지위와 신용과 권위를 얻었다.

이제 사람들은 그에게 우정을 바라기보다는 보호를 간청한다. 그는 처음에는 자기를 가리켜, "우리 같은 종류의 인간은…"이라고 말했으나, 지금은 "나와 같은 지위에 있는 인물은…"이라고 말한다. 그는 누구에게도 돈을 빌려주는 법이 없고 식사에 초대하지도 않는다. 그 식탁이 어찌나 진수성찬으로 가득한지 손님에게 내줄 자리는 없어 보인다. 그의 집은 호화롭다. 외관은 모두 도리스 양식으로 꾸며졌으며 거대한 기둥들이 위용을 뽐낸다. '이곳이 과연 개인의 저택일까? 사원 아닐까?' 사람들은 대부분 그런 착각을 한다. 그는 그 지방 일대를 지배하는 영주이다.

그는 사람들의 질시의 표적이며, 모두가 그의 몰락을 보았으면 하고 바란다. 그의 아내는 값비싼 진주 목걸이로 이웃에 사는 모든 귀부인들을 적으로 만들어버렸다.

그에게는 모든 것이 오래 유지된다. 그가 획득한 이 위대함들은 아직 아무런 모순을 일으키지 않는다. 이 위대함에 대해 이미 값을 치렀으므로 그에게는 빚도 전혀 없다.

늙어빠지고 초라하기 짝이 없었던 그의 아버지가 20년 전에, 즉 페리앙드르가 아직 세상 사람들 입에 오르기 전에 죽지 않았더라면! 자신의 지위와 신분을 자각하게 하고, 과부와 상속자가 얼굴을 붉히게 했을 그 끔찍스러운 광고[2]를 그가 어찌

참을 수 있었겠는가? 앞을 다투어 장례식에 참석하겠다는 수많은 사람들을 어떻게 제쳐놓고, 질투심이 강하고 악의에 가득 차 있고 통찰력 있는 도시 사람들의 눈초리에서 그 광고문을 어떻게 숨길 수 있었겠는가? 또한 사람들은 각하의 칭호를 누리고 있는 그가, 자기 아버지를 고귀한 인물 또는 명예로운 인물이라고 부르는 것을 어찌 용납할 수 있었겠는가!

21

많은 사람들은 이미 자랄 대로 다 자란 뒤 정원에 옮겨 심어진 나무와 흡사하다. 그 나무가 이미 다 자란 상태로 아름다운 장소와 어우러져 서 있는 것을 보는 사람들, 그 나무가 심어지고 자라는 처음도 과정도 아무것도 모르는 사람들을 그 나무는 얼마나 놀라게 하는가!

22

만약 죽은 사람들이 이 세상에 되돌아와서, 그들이 지녔던 위대한 이름과 그들의 땅과 성과 유서 깊은 저택을 그들의 소작

인 노릇을 했던 사람들의 자식들이 소유한 꼴을 본다면, 그들은 우리가 살아가는 이 시대에 대해서 어떤 생각을 할까?

23

신은 인간에게 부귀나 금전이나 웅대한 건축물이나, 기타 여러 종류의 재산을 내려준다. 때로는 아주 보잘것없는 것도 하사한다. 이런 신의 분배법을 가장 잘 이해하는 것은 그중 가장 많은 것을 받은 인간이다.

24

당신의 입맛을 돋우고, 과식을 하게 만드는 음식들을 만들고 있는 주방으로 들어가보라. 무슨 일이 벌어지고 있는가? 더할 나위 없는 진미가 되어 여러분의 눈을 매혹시키고, 무엇을 먹을까 주저하게 만들고, 이것저것 가릴 것도 없이 모두 먹어보고 싶게 만드는 그 음식들이 어떤 과정을 거쳐 나오는지 살펴보라. 얼마나 더럽고 욕지기가 나는 광경이 펼쳐지는지!
만약 당신이 극장의 무대 뒤로 가서, 연기자를 공중에 매다는

장치나 밧줄 따위를 세어보고, 얼마나 많은 사람들이 이런 기계 장치의 조작을 맡고 있는지를 관찰한다면 이런 생각이 들 것이다. '그렇게 아름답고 자연스럽게, 마치 혼자서 움직이는 것처럼 보이던 그 모습의 원동력이 이런 것인가?'

이면을 관찰하면 당신은 '얼마나 고된 작업인가? 얼마나 열 띤가?' 하고 놀라게 될 것이다. 이와 비슷한 맥락에서 큰 부자의 재산도 깊이 파헤치려고 해서는 안 된다.

25

매우 생기가 있고 화려하고 건장한 젊은이가 있다. 그는 사원의 영주이며 집안 대대로 물려받은 일에서 많은 이득을 얻는다. 모두 합해서 그에게는 12만 리브르의 연금이 들어오며, 반드시 금화로 지불되고 있다.

다른 곳에는 굶주림에 허덕이고 있는 수많은 사람들이 있다. 그들은 겨울철에 불도 못 피우고, 몸을 감쌀 옷도 없고, 때로는 씹어 삼킬 빵 조각마저도 구하지 못한다. 극에 달한 빈곤은 치욕스럽기조차 하다.

이를 어찌 부의 정당한 분배라고 할 수 있겠는가! 이런 모습이 우리가 직면한 미래를 증명해주는 것이 아닐까?

26

크리지프는 자수성가하여 그의 집안에서 최초로 귀족이 되었다. 30년 전 그는 언젠가는 한 해에 3천 리브르를 벌겠다고 열망했었다. 그것이 그의 희망의 전부이자 최고의 야심이었다. 그가 그렇게 이야기했던 것을 세상 사람들도 기억하고 있다. 어떻게 그럴 수 있었는지는 모르겠으나 그는 딸의 결혼 지참금으로 줄 많은 현금을 가지게 되었다. 장가 갈 나이에 접어든 아들들을 위해서도 금고 속에 같은 양의 현금이 보관되어 있다. 그는 자식이 많기로도 유명하다. 그러나 그것은 그의 재산 중 일부에 불과며, 그가 죽은 뒤의 상속을 기대해도 좋을 만큼 다른 재산이 남아 있다. 그는 많이 늙었지만, 아직도 오래 살 수 있을 것이다. 그는 여전히 더 부자가 되기 위해서 애를 쓰는 것으로 여생을 소비하고 있다.

27

에르가스트가 제멋대로 하게끔 내버려두라. 그는 강물을 마시는 모든 사람들, 땅 위를 걷는 모든 사람들에게 권리를 요구할 인물이다. 그는 갈대나 쐐기풀까지도 황금으로 바꾸어놓을 기술을 터득했다.

만약 군주가 다른 사람들에게 무엇인가를 하사한다면, 그것은 반드시 그에게 손해를 입히는 것이 된다. 다른 사람들이 받는 총애는 에르가스트 자신이 받아 마땅한 것이라고 생각하기 때문이다. 그것은 소유와 획득에 대한 그칠 줄 모르는 갈증 표시이기도 하다. 그는 예술이나 학문까지도 물건처럼 거래하고, 음악까지도 돈을 버는 도구로 삼기를 주저하지 않는다. 그가 큰 부자가 되어 여러 마리의 사냥개나 마구간을 갖게 된다면, 대중들은 오르페우스의 음악을 잊고 그의 음악에 만족해야 할 것이다.

28

크리스톤과는 아예 담판을 지을 생각을 하지 않는 게 좋다. 그는 자신의 이익밖에는 관심이 없는 사람이다. 그는 자신의 직업, 토지, 소유물을 부러워하는 사람들이 빠질 수 있는 모든 함정을 이미 만들어두었다. 그것은 사람들에게 가혹한 시련을 줄 것이다. 이토록 자기 이익에만 몰두하고 다른 사람의 이익에 적이 되는 인물에게서 무엇을 기대하겠는가! 어떤 동정도 양보도 있을 수 없다. 그에 대해서는 기만만이 필요할 뿐이다.

29

소문에 의하면 브론텐은 은퇴한 뒤 성자들과 함께 8일간이나
칩거했다고 한다. 성자들에게는 성자들의 명상법이 있고, 그
에게는 그의 명상법이 있다.

30

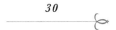

사람들에게 즐거움을 주는 비극이 있다. 가장 가증스러운 부
류의 인물들, 크나큰 악행을 저지른 인물들이 이 세상이라는
무대 위에서, 여러 막에 걸쳐 죽어 사라지는 모습이 바로 그
것이다.

31

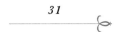

부자들의 생애는 반으로 나누어 볼 수 있다. 발랄하고 활동적

인 전반부는 사람들을 어떻게 하면 괴롭힐 수 있을까 하는 궁리로 채워져 있고, 죽음을 바라보는 후반부는 그들끼리 서로 고발하여 파멸시키는 일로 가득 차 있다.

32

당신을 부자로 만들어준 한 남자는, 살아서는 자신의 생활비조차 조달할 수 없었으며, 죽어서는 가족들에게 아무런 재산도 남기지 못했다. 그의 가족들은 숨어서 불행한 생활을 하고 있다. 그들의 비참한 처지를 당신은 잘 알고 있지만, 그 고통을 덜어주려는 생각 따위는 전혀 떠오르지 않는다. 사실 당신은 그럴 만한 여유가 없다. 날마다 큰 잔치를 벌이고 큰 건물을 수없이 짓고 있으니까. 그러나 당신은 죽은 은인을 기리기 위해 그의 초상화를 간직하고 있다. 당신 방에 두었던 초상화는 며칠 전 응접실로 옮겨졌다. 이 얼마나 큰 대접인가! 그 초상화를 창고 속에 쳐박아둘 수도 있었는데 말이다.

33

냉혹한 기질을 타고난 사람이 있는가 하면 지위나 신분으로
인해 냉혹해진 사람이 있다. 전자와 똑같이 후자도 타인의 비
참함에 대해 냉혹하다. 그들은 자기 가족의 불행에도 슬퍼하
지 않을 것이다. 수완이 있는 자본가는 친구를 위해서도, 아내
를 위해서도, 자식들을 위해서도 결코 눈물을 흘리지 않는다.

34

"도망쳐, 멀리. 아직도 위험해."

"적도 바로 아래에 와 있습니다."

"이 땅의 건너편, 극지로 가. 가능하다면 하늘의 별까지 올라
가도 좋고."

"이제, 말씀하시는 곳에 도착했습니다."

"좋아, 당신은 이제 안전해."

"저는 지금 세상에서 유례를 찾아볼 수 없을 만큼 탐욕스럽
고, 무정하고 냉혹한 한 사람을 발견했습니다. 이 남자는 이
미 갈등을 일으켰던 모든 사람을 희생시켰습니다. 그는 다른
사람에게 어떤 피해를 끼칠지언정 자기 이익만을 생각하고,

자기 부만을 늘리고, 넘쳐 주체하지 못할 만큼의 재산을 모으
려 하고 있습니다.”

35

‘부’는 매우 아름다운 말이며 지극히 훌륭한 행위로 전 세계
사람들에게 널리 알려져 있다. 모든 나라의 말로도 그렇게 표
현되고, 궁정이나 마을에서 지배권을 행사하며, 신성한 수도
원 벽을 뛰어넘어 그 속까지 파고 들어간다. 그것이 침입하지
않은 성스러운 장소란 없으며, 이방인이나 야만인의 마음에
도 들어, 그것이 알려져 있지 않은 사막도, 산간벽지도 없다.

36

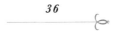

새 계약을 너무 많이 맺거나 금고 속에 늘어나고 있는 돈에
도취되면, 사람은 자기가 무척 명석하다고 생각하여 무엇이
든 마음대로 휘두를 수 있다고 믿게 된다.

37

큰 부자가 되기 위해서는 분명 어떤 재치가 필요하다. 그 재치라는 것은 훌륭하거나 아름다운 것이 아니며, 위대하거나 숭고한 것도 아니며, 강인한 것도 섬세한 것도 아니다. 그것이 어떻게 생겼는지 나는 잘 모른다. 누군가가 그것에 대해서 가르쳐주기를 기대하고 있다.

그러나 재산을 모으기 위해서는 재치보다 오히려 습관이나 경험이 중요하다. 사람들은 그것을 너무 늦게 깨닫는다. 이미 여러 가지 잘못을 저지른 뒤에 겨우 그것을 알았을 때에는 그 잘못을 만회할 만한 시간도 남아 있지 않다. 큰 부자가 매우 드문 것은 아마도 이 때문일 것이다.

조그마한 재능밖에 갖지 못한 사람은 그저 앞으로 나아가려고만 한다. 즉, 그는 모든 것을 제쳐놓은 채 아침부터 밤까지 단 한 가지밖에는 생각하지 않고, 밤에도 단 한 가지 일만을 꿈꾼다. 그것은 바로 전진.

한 남자는 일찍이 소년 시절부터 돈벌이에 투신했다. 만약 앞길을 가로막는 정열의 장애물을 발견하면, 당연히 그는 대상의 모습을 관찰하고 빈틈을 살핀 다음, 돌아간다. 만약 다른 새로운 장애물이 그의 길을 또 막는다면, 그는 앞서 갔던 길로 다시 되돌아온다. 그는 여러 가지 곤경의 성질에 따라 그것을 피하고 다른 길로 돌아간다. 이해관계, 습관, 시기 등이 그를 인도해준다.

한 여행자가 큰길을 걷다가 길이 혼잡해지면 들판을 가로지르고, 다시 큰길로 돌아와 목적지에 이르기 위해서는 무엇이 필요할까? 위대한 재능과 우수한 두뇌? 많은 재치? 그렇다면 사람들이 말하는 '신용 있는 바보'란 하나의 기적에 불과한 것일까? 작은 노력이나 근면함이 기여하는 바를 이야기하기에는, 좋은 자리에 앉아서 호사스런 생활을 하다가 죽는 우둔한 자들도 있다.

바보들이라도 좋다. 누군가가, 아니면 우연이라는 것이 그들을 강기슭으로 인도하기만 하면 된다. 사람들은 그들에게 말한다. "물이 필요하십니까? 퍼 가시죠." 그러면 그들은 물을 퍼 갈 뿐이다.

38

젊은이들 중에는 가난한 자가 많다. 아직 돈벌이를 시작하지 않았거나 재산을 상속받지 못했기 때문이다. 사람들은 부자가 되는 동시에 노인이 된다. 사람이 좋은 것을 모두 가진다는 것은 거의 불가능한 것이다. 만약 어떤 사람들에게 그런 일이 일어난다고 해도, 그들을 부러워할 필요는 없다. 오히려 그들은 동정을 받아 마땅할 정도로 죽음과 함께 잃게 될 것을 많이 가졌을 뿐이다.

39

재산을 모으는 건 나이 서른에 해야 할 일이다. 50세에는 어울리지 않다. 늙어서 집을 짓게 되면, 벽화 그리는 사람이나 유리 끼우는 사람 집을 오가다가 죽게 된다.

40

우리를 찾아온 사람들의 허영심이나 재주나 노동이나 수고를 즐기라. 그러지 않고 자손을 위해 우리 자신이 노동을 하고, 나무를 심고, 집을 지으며 소득을 늘릴 것이라면, 그 많은 재산의 쓸모란 도대체 무엇이란 말인가?

41

우리는 매일 아침 세상 사람들의 눈을 속이기 위해서 문을 열고, 온종일 사람들을 속이고 나서 밤에 문을 닫는다.

42

상인은 자기의 상품 가운데 제일 나쁜 것을 팔기 위해서 물건들을 진열한다. 상품의 결점을 감추고 좋아 보이게 하려고 반짝이는 천이나 인공적인 조명을 사용한다. 그는 비싸게 팔기 위해서 값을 올려 부른다. 손님들이 정당한 값을 지불했다고 믿을 수 있게 이상야릇한 가짜 도장을 찍고, 가능한 한 적게 주기 위해서 조작한 저울을 쓴다. 다만 화폐 전용 저울은 따로 가지고 있는데, 손님이 낸 금화의 무게를 재기 위해서다.

43

많은 경우, 가난한 사람은 선량한 쪽에 가깝고, 돈 많은 사람은 사기꾼과 거리가 그리 멀지 않다. 수완이 있다고 큰 부자

가 되는 것은 아니다. 어떤 기술을 가지고 어떤 장사를 하든, 사람은 오직 성실함을 과시함으로써 부자가 될 수 있다.

44

가장 빠른 시간 안에 돈을 많이 벌 수 있는 방법은, 당신이 돈을 벌면 사람들에게 이익이 돌아갈 것이라는 점을 명확하게 인식시키는 것이다.

45

사람들은 생활의 필요에 쫓겨서, 때로는 이득이나 명예가 탐나서, 옳지 않은 기술을 익히거나 수상쩍은 일을 한다. 그들은 그 위험한 짓이나 거기서 얻은 것들을 오래도록 감추다가 나중에 깊은 신앙심이 생기고 나서야 그런 것들에서 손을 끊는다. 그런데 이 신앙심은 그들이 수확을 끝내고 확고하게 쌓아둔 재산을 즐길 때가 아니면 결코 찾아오지 않는다.

46

세상에는 가슴을 찌르는 여러 가지 비참함이 존재한다. 그중에 먹을거리가 부족한 데서 오는 비참함이 있다. 그런 사람들에게는 겨울이 찾아오는 것이 두렵고, 살아 있다는 것 자체가 공포이다. 반면에 어떤 사람들은 제철이 아닌 과일을 먹고, 자기의 까다로운 입맛을 위해서 땅과 계절을 주무른다. 신분과 상관없이 단지 그들이 부자라는 이유로 백 가구 몫의 식량을 단숨에 집어삼켜버리기도 한다. 이 양극단을 어찌해야 할까?

가능하다면 나는 불행한 사람들 속에도, 행복한 사람들 속에도 끼고 싶지 않다. 나는 그 중간 어디쯤에 피신하고 싶다.

가난한 사람이 비탄에 잠기는 것은, 모든 것이 그들에게 결핍되어 있기 때문이거나 아무도 그들을 도와주지 않기 때문이다.

부자가 분노하는 것은, 극히 작은 것이 그들에게 부족하기 때문이거나 누군가가 그들에게 반기를 들려고 하기 때문이다.

쓰는 돈보다 더 많은 돈을 버는 사람이 부자이고, 버는 돈보
다 더 많이 쓰는 사람이 가난한 사람이다.

해마다 2백만 프랑을 버는 사람이라도, 매년 50만 리브르가
필요할 수 있다. 눈에 보이는 뻔한 재산일수록 오래가지 못하
지만, 막대한 재산이라도 금세 바닥날 수 있다. 빈곤에 처했었
을 때의 상황, 그것이야말로 부의 가장 큰 기준이다.

무언가를 필요로 하지 않을수록 부유해진다면, 현명한 사람
이야말로 가장 부자다. 무언가를 가지고 싶어 할수록 가난해
진다면, 야심가와 수전노는 극심한 빈곤 속에서 애타게 괴로
워하고 있는 셈이다.

49

온갖 정열은 사람의 이성을 마비시킨다. 그리고 야심은 다른
정열을 일시적으로 무력화하고, 잠시 동안 모든 미덕을 그럴
싸하게 꾸며 보여준다.

온갖 악덕을 다 지니고 있는 트리퐁을, 나는 검소하고 순결하
며 관대하고 겸손한 사람이라고 믿었고, 신앙심이 두터운 사

람이라고까지 생각했다. 그가 재산을 모으지 않았다면 나는
아직까지도 그를 그런 사람으로 믿고 있었을 것이 뻔하다.

50

사람들은 더 가지고 싶은 욕망을 쉽게 저버리지 못한다. 걱
정이 생기고 죽음이 다가왔을 때, 얼굴은 시들고 다리는 이
미 힘이 빠져 있는데도 사람들은 이렇게 말한다. "내 재산, 내
집"이라고.

51

출세하는 방법은 두 길밖에 없다. 자기 자신의 지혜에 의존하
든가, 다른 사람의 어리석음에 의존하든가.

52

생김새는 체질과 성품을 드러내고, 표정은 재산의 많고 적음

을 보여준다. 한 해에 버는 돈이 1천 리브르보다 많은지 적은
지는 바로 얼굴에 적혀 있다.

53

부유하고 거만한 크리잔트는, 유능하지만 가난한 외젠과 한
자리에 있는 모습을 사람들에게 보이지 않으려 한다. 외젠도
크리잔트에 대해서 같은 생각을 품고 있다. 그들은 서로 만날
가능성이 있는 장소를 피해 다닌다.

54

전에는 언제나 먼저 인사를 하던 사람이 반대로 내편에서 인
사하기를 기다리는 것을 볼 때, 나는 이런 생각을 한다. '좋아,
매우 기쁜 일이지. 아주 잘 된 일이야. 이 사람이 전보다 더 좋
은 집에 살고, 더 비싼 가구를 갖고, 더 잘 먹고 있다는 것을
알 수 있어. 몇 개월 전부터 새로운 사업에 손을 대더니 벌써
상당한 수익을 올리고 있는 모양이지. 제발 조만간 그가 나를
경멸하게 되기를!'

만약 사상이나 서적, 또 그 저자가 큰 부자들이나 돈푼이나 긁어모은 자들에게 좌우된다면 그들은 얼마나 가혹한 처지에 놓였을 것인가! 고국에서 추방당한 뒤, 다시 돌아오는 일 같은 것은 상상조차 하기 어려웠을 것이다. 현명한 사람들에 대해서 가진 자들은 어떤 태도를 취하고 얼마나 권세를 펼 것인가! 자기의 재능을 지위를 얻는 데나 돈을 버는 데 쓰지 못하고, 그저 올바르게 생각하고 올바르게 글을 쓰는 사람들, 그 '빈약한' 사람들에 대해서 가진 자들은 어떤 위엄을 보일 것인가! 현재는 부자를 위해서 존재하고, 미래는 덕망 있고 능력 있는 사람들을 위해서 존재함을 인정해야만 한다.

호메로스는 지금도 존재하고, 또 항상 존재할 것이다. 그러나 권세를 누렸던 여러 사람들, 여러 사업가들은 이제 존재하지 않는다. 그들은 과거에 머무르는가? 그들의 조국, 그들의 이름은 어디로 갔는가? 호메로스를 경멸하고, 광장에서는 그를 외면하고, 그가 인사해도 모른척하거나 그 이름에만 경의를 표하고, 식탁에 함께 자리하는 것을 일부러 피하고, 그를 부자가 아닌 사람, 오직 책을 쓰는 사람으로만 보았던, 그 대단한 인물들은 어찌 되었을까? 과연 그들은 프랑스 사람으로 태어나 '스웨덴에서 죽은 데카르트'처럼 후세에 이름을 남길 수 있을까?

56

사람들은 보통 자만심 때문에 아랫사람 앞에서 으스댄다. 또
그들은 같은 이유로 윗사람에게 비겁하게 머리를 숙인다. 그
것은 자만심이라는 악덕의 특징일 뿐 개인의 가치도, 미덕도
아니다. 단지 돈의 힘이요, 지위요, 신용이요, 공허한 지식이
다. 그것이 우리로 하여금 우리보다 덜 가진 사람을 경멸하게
하고, 우리보다 더 가진 사람을 존경하도록 하는 것이다.

57

아름다운 영혼은 영광과 미덕에 열광한다. 그 반대편에는 돈
벌이와 이득에 열광하는, 마치 진흙과 쓰레기로 뭉쳐진 듯한
더러운 영혼이 있다. 그것은 단 하나의 쾌락밖에는 맛볼 수
없다. 바로 획득한다는 쾌락, 또는 잃지 않는다는 쾌락이다.
그들은 10퍼센트의 이자를 받아내는 데에만 열중하고, 채무
자의 무리에 온 정신을 빼앗긴다. 마치 화폐 가치의 하락과

품질의 하락에만 항상 신경을 쓰고, 계약서나 증권, 양피지 같은 것에 몰두하다가 배가 침몰하는지도 몰랐던 사람들처럼 말이다. 이런 사람들은 친척이나 친구, 시민, 기독교인이려고 하지 않으며, 심지어 사람이려고도 애쓰지 않는다. 그들은 다만 돈만 쥐고 있으면 되는 것이다.

58

기꺼이 도움의 손길을 내밀고, 선행에 앞장서며, 그 어떤 필요나 곤경, 술책에도 우정을 굳건히 지키는 고귀하고 과감한 영혼이 이 세상에 남아 있을 리 없으니, 우선 그런 것은 제외하자. 이 신중한 조치를 취하고 난 다음, 상상하기조차 슬프고 고통스러운 사실을 대담하게 말해버리자. 즉 호의로 우리와 친밀한 관계를 맺고, 우리를 사랑하고, 우리를 좋아하고, 우리에게 수없이 친절을 베풀어주는 사람, 그리고 우리를 도우면서도 자기 이익에 절대로 집착하지 않는 사람은 세상에 단 한 사람도 없다는 사실을 말이다.

59

오롱트는 나이를 먹어가면서 재산을 늘려갔다. 그 사이, 어느 집에 딸이 하나 태어나 아리따운 아가씨로 성장했다. 그는 50세임에도 불구하고 젊고 아름답고 영특한 이 딸과 결혼해 달라는 부탁을 받는다. 보잘것없는 가문에, 이렇다 할 재치도 없고, 한마디로 아무런 가치도 없는 이 늙은 남자가 모든 경쟁자 가운데서 선택된 것이다.

60

인간에게 모든 행복의 원천이어야 할 결혼은, 재산 상태에 따라서는 때로 무거운 짐이 된다. 그때 아내나 자식들은 사기, 허위, 부정 이득 따위에 강렬한 유혹을 느낄 수 있다. 그들은 사기와 빈곤 사이에서 고민한다. 정말 괴로운 상태에 있는 것이다.

프랑스에서 '과부와 결혼한다'는 말에는 한 밑천 잡는다는 의미가 들어 있다. 그러나 반드시 그 뜻대로 된다고는 장담할 수 없는 노릇이다.

61

현실적으로 큰 고통 없이 편안하게 살 수 있을 정도의 능력 밖에는 가지지 못한 사람도 관리가 되고자 한다. 말단 관리는 사법관이 되기를 바라고, 사법관은 대통령이 되려 한다. 어떤 지위에 있든지, 사람은 자기에게 주어진 행운 이상의 것을 탐하고, 자기 운명을 억지로 재촉하며 결핍과 빈곤 속에서 허덕이는 것이다. 이와 같이 사람들은 누구나 부유한 사람이 되려는 욕망을 품지만 부유한 사람이 된 데 만족하며 멈추지도 못한다.

62

맛있는 저녁을 들게, 크레알크. 밤참도 빼놓지 말고 챙기게. 난로에 장작을 더 많이 넣게. 외투도 사게. 방의 벽지도 바꾸어보게. 자네는 자네의 상속인을 사랑하지 않잖나. 자네는 그가 누구인지도 모르고 있어. 자네에게는 상속인이 아무도 없다네.

63

젊은 날에는 늙었을 때를 위해 저축을 하고, 늙어서는 죽음을 위해 절약을 한다. 방탕한 상속인은 그 덕분에 호화로운 장례식을 치르고, 남은 돈은 탕진해버린다.

64

수전노는 죽음을 맞이하는 날 단 하루 사이에, 살아생전 10년 간보다 더 많은 돈을 쓴다. 그리고 그의 상속인은 그 후 10개월 사이에, 수전노의 전 생애보다도 더 많은 돈을 쓴다.

65

사람이 낭비하는 것은 자기 상속인의 몫을 약탈하는 것과 마찬가지이다. 반면에 사람이 인색하게 구는 것은 자기 자신의 몫을 탈취하는 것이다. 자기에게나 다른 사람에게나 중용을 지키는 것이 옳다.

상속 관계가 아니라면, 아마도 자식들은 부모에게 더욱더 귀여운 존재가 되고, 부모 또한 그 자식들에게 더욱더 소중한 존재가 될 것이다.

인생에 혐오를 느끼게 하는 슬픈 상황들이 있다. 사람은 대수롭지도 않은 재산을 만들어보려고 땀을 흘리고 고개를 숙이고 밤을 새우며 일에 매달리든가, 아니면 근친의 죽음을 기다린다. 자기 부모가 빨리 저 세상으로 가주기를 바라지 않는 사람이야말로 착한 사람이라고 할 수 있다.

68

누군가의 유산을 상속받고 싶어 하는 사람이야말로 최고의 아첨쟁이다. 사람은 일생을 통틀어 그 누구로부터도, 자신이 유산을 남길 사람에게만큼 아첨을 받고, 떠받들어 모셔지고,

추대를 받고, 후한 대접을 받고, 보살펴지고, 어루만져지지 않는다.

69

모든 인간은 저마다 자신의 지위나 직함과 상속 재산을 따져 보면서 서로 상속인을 자청한다. 그리고 그 이익을 위해 전 생애를 통해서 다른 사람의 죽음에 대한 비밀스런 욕망을 기르고 간직한다. 신분을 떠나서 가장 행복한 사람은, 죽으면서 잃을 것, 즉 상속인에게 남길 재산을 가장 많이 가진 사람이다.

70

중대한 사건을 앞에 둔 정부나 의회의 태도도, 막대한 돈이 걸린 판을 앞둔 도박꾼들보다 엄숙하고 진지하지는 않다. 그들의 얼굴에는 말할 수 없는 가혹함이 배어 있다. 판이 벌어지면 서로 화해할 수 없는 원수지간이 되는 그들은 이미 친구 관계나 친척 관계, 가문이나 신분의 상하도 인정하지 않는다. 맹목적이고 잔인하고 신성하기까지 한 우연만이 그 자리를 지배하고, 절대 권한으로 판결을 내린다. 그들은 한결같이 깊은 침묵으로, 그리고 다른 어떤 장소에서도 볼 수 없는 깊은 주의력으로, 그 우연성에 경의를 표한다. 모든 정열이 마치 정지된 양, 단 하나의 정열에 자리를 양보한다. 그들은 상냥하게 굴거나 아첨하지도 않고, 관대함을 보이지도 않으며, 경건한 척하지도 않는다.

71

도박으로 이름을 떨친 사람들에게 그 옛날의 보잘것없던 흔적은 찾아볼 수 없다. 그들은 같은 처지에 있던 친구들을 모두 잊어버리고, 가장 높은 귀족 행세를 한다. 그러나 주사위나 카드놀이의 운수가 이따금 그들을 첫 출발 지점으로 다시 되돌아가게도 한다.

72

인간의 탐욕을 이용한 함정, 가진 돈을 눈 깜짝할 사이에 탕진해버리고 다시는 되돌릴 수 없는 구렁, 그것은 바로 배를

난파시켜버리는 무서운 암초와 같은 도박꾼이 찾아와서 우리를 산산조각을 내는 카드놀이다.

아무개가 최근에 손에 넣은 때도 안 묻은 돈을 가지고 돌아왔다든가, 소송에 이겨서 막대한 돈이 주머니에 굴러 들어왔다든가, 증여를 받았다든가, 도박을 해서 큰돈을 땄다든가, 어느 집안의 아들이 거액의 유산을 상속받았다든가, 어떤 경솔한 점원이 금고의 돈을 가지고 카드놀이로 일생의 승부를 내고 싶어 한다는 소식을 정기적으로 알아내기 위해서 이곳저곳에 밀사들이 파견되어 있다는 사실도 놀랄 일은 못 된다.

사람을 속인다는 것은 확실히 더럽고 부도덕한 일이다. 그러나 내가 카드놀이 장사치들이라고 부르는 사람들은 예부터 있었으며, 어떤 시대에나 그 일을 업으로 삼는 사람이 있는 것도 사실이다. 교훈은 그들의 본거지 문짝에 적혀 있다.

"우리는 성실하게 사람들을 속인다."

그곳으로 향하는 사람들이 스스로 빈틈없는 훌륭한 인물이 되기를 바라겠는가? 그들 가운데 도박장에 들어간다는 것인 즉 돈을 잃는 것임을 모르는 사람이 있겠는가? 내가 이해할 수 없는 것은, 도박꾼들이 필요로 하는 만큼의 어리석은 사람들이 항상 거기에 있다는 것이다.

73

수많은 사람들이 도박으로 파멸한다. 그러나 그들은 도박 없이는 살아갈 수 없다고 한다. 이 무슨 해괴한 변명인가! 도박이 아무리 격렬하고 치욕적일지라도 어떻게 이와 같은 말을 변명이라고 늘어놓을 수 있을까? "도둑질을 하지 않고서는 견딜 수가 없다.""사람을 죽이지 않을 수 없다.""덤벼들지 않고서는 못 견디겠다." 이런 말을 한다고 해서 과연 사람들로부터 용서를 받을 수 있단 말인가?

끔찍하고, 그칠 줄 모르고, 절제를 모르는 도박! 오로지 상대의 파멸밖에는 안중에 없다. 돈을 긁어모으겠다는 욕망에 휩싸여, 손실에 절망하고, 탐욕으로 몸을 망치는 도박! 한 장의 카드나 주사위에 자신의 재산은 물론이고 아내나 자식들의 재산까지 거는 도박! 과연 그것이 용서를 받을 수 있을까? 하지 않고서는 못 견딘다고 하지만 도박으로 인해서 파산 지경에 이르렀을 때에는 더 심한 고통을 감수해야 하지 않는가? 입을 것도 먹을 것도 없이 지내야 하고, 아무것도 가족에게 주지 못하고 지내야만 하지 않는가?

나는 아무리 교묘한 도둑질도 용서하지 않는다. 단 사기꾼이 큰 도박을 하는 것만은 눈감아준다. 교양 있는 사람이 그런 짓을 한다면 용서하지 않겠지만. 막대한 손실이라는 위험에 몸을 내맡기는 것은 너무나도 유치한 장난이니까.

74

끝없이 계속되는 고통은 오직 하나다. 바로 재산의 상실에서 오는 고통. 시간이 지나면 모든 아픔은 사그라들지만 이 고통만은 더욱 커진다. 우리의 인생이 흘러갈수록, 우리는 잃어버린 재산만큼 더 부족함을 느끼기 때문이다.

75

딸을 시집보내거나 빚을 갚는 데, 계약을 체결하는 데에도 돈을 쓰지 않는 사람과 사귀기는 쉽다. 단 당신이 그의 자식이나 아내가 아니라면.

76

제노비여, 당신의 제국을 뒤흔드는 반란도, 선왕이 돌아가신

후 강국들과 용감하게 치르고 있는 전쟁도 어느 것 하나 당신의 호사스런 낭비를 멈추지는 못했습니다. 화려한 궁전을 지을 터로 당신은 유프라테스 강가를 골랐습니다. 그 땅의 공기는 온화하며 건강에도 좋고, 주위의 환경도 웃음꽃이 활짝 피어 있는 것 같습니다. 신성한 숲이 서쪽에 그림자를 던지고 있습니다. 지상에서 사는 시리아의 신들도, 이보다 아름다운 거처는 골라내지 못했을 것입니다. 들판은 돌이나 나무를 잘라내는 사람들로 붐빕니다. 그들은 줄을 지어 가고 또 오고, 값비싼 목재와 청동과 희귀한 광석을 운반하고 있습니다. 기중기와 다른 기계들이 움직이는 소리가 하늘 높이 솟아오릅니다. 당신은 아라비아 쪽으로 여행하는 사람들이 고향으로 돌아가는 길에 이 궁전의 장려한 모습을 볼 수 있기를 바라고 있습니다. 당신과 당신의 자녀들은 그 궁전에 살기 전부터 그 장려함을 몸에 지니고 싶어 하는 것입니다.

위대한 여왕이시여, 아무것도 아끼지 마십시오. 황금과 가장 우수한 일꾼들을 모두 투입하십시오. 당신 세기의 가장 유능한 화가들이 궁전의 천장과 벽에 온 정성을 쏟도록 하십시오. 광대하고 감미로운 정원, 인간의 손으로는 도저히 만들 수 없는 매력으로 가득 찬 정원을 설계하게 하십시오. 그 어느 것과도 비교할 수 없는 이 작품에 당신의 모든 재물과 모든 지력을 쏟으십시오.

그런데 제노비여, 당신이 마지막 손질을 끝내고 나면, 팔미라 근처의 사막에 살고 있는 목자들 가운데 누군가가 당신의 궁전으로 향하는 길의 통행세로 부자가 될 것입니다. 그리고 후일 그는 이 아름다운 궁전을 현금으로 사들일 것입니다.

77

이 웅장한 성과 화려한 가구들, 정원과 아름다운 호수는 당신을 매혹한다. 이토록 화려한 집에 사는 주인이라면 행복에 겨워 감탄의 소리를 지를 것이라고 생각하겠지만 그는 이미 존재하지 않는다. 그는 이 집을 당신만큼 유쾌하고 조용히 즐기지 못했다. 즐거운 날이란 단 하루도 없었으며 고요한 밤도 없었다. 이 집을 아름답게 꾸미기 위해서 그는 빚에 허덕였다. 채권자들은 그를 여기에서 쫓아내버렸다. 그는 마지막으로 이 집을 바라보다가 이내 고개를 돌렸다. 그리고 마침내 그는 비통한 나머지 죽어버렸다.

우연이나 운명의 장난이라고밖에 부를 수 없는 것과 마주한 가문이 있다. 이 가문은 백 년 전만 해도 존재하지 않았으며 당연히 그 누구의 입에도 오르내리지 않았다. 하늘은 뜻밖에도 그들에게 은총을 내렸다. 재산, 명예, 지위가 계속해서 주어졌고 기반을 닦을 수 있었다. 그들은 번영과 영화 속에서 호사스런 생활을 누렸다. 유놀프에게 할아버지는 없었지만 아버지가 있었다. 이 아버지는 자수성가한 인물로, 오랜 생애를 통해 바라고 바랐던 것은 오직 출세였다. 그리고 마침내 그는 출세를 했다. 이들 두 사람에게 남달리 뛰어난 재능이 있었던가? 아니면 그저 요행이었던가? 그러나 행운은 이제 그들에게 미소를 지어 보이지 않는다. 행운은 이미 다른 집에서 뛰어놀고 있으며, 그들의 자손을 그들의 조상과 마찬가지로 외면하고 있다.

가문의 일을 보는 사람이나 군대에 종사하는 사람, 이들이 몰락하고 파멸한 가장 직접적인 원인은 재력이 아닌 지위이다.

지위가 소비의 많고 적음을 결정하기 때문이다.

만약 당신이 재산을 지키고 아무것도 잃어버리지 않으려 한
다면, 그 얼마나 고된 노력인가! 만약 당신이 사소한 일이라
고 소홀히 한다면, 그 얼마나 후회할 짓인가!

지톤은 혈색이 좋고, 만족스러운 표정을 짓고 있고, 볼은 부
풀어 있고, 눈빛에서는 굳은 심지가 느껴지며, 어깨는 넓고,
배는 큼직하고, 걸음걸이는 무게가 있고 침착하다. 그는 자신
만만한 말투로 이야기한다. 자기에게 말을 걸어오는 사람에
게 같은 말을 반복하며, 어떤 이야기도 귀담아 듣지 않는다.
그는 커다란 손수건을 펴서 큰 소리를 내며 코를 푼다. 매우
멀리 침을 뱉고, 요란스럽게 재채기를 한다. 그는 낮잠을 자
고, 밤에도 잔다. 그것도 누가 깨워도 모를 정도로 깊은 잠을.
그는 손님 앞에서도 코를 곤다. 그는 식탁이나 산책길에서도

다른 사람보다 많은 공간을 차지하며 항상 가운데에 자리를 잡는다. 그가 멈추면 모두가 멈추고, 다시 걷기 시작하면 모두가 따라 걷는다.

모든 사람들이 그를 본받는다. 그는 다른 사람의 이야기를 가로막고, 지적한다. 그러나 그 누구도 그의 이야기를 가로막지 않으며, 그가 이야기하고 싶은 대로 내버려둔 채 귀를 기울인다. 사람들은 그의 의견에 찬성하고, 그가 멋대로 떠들어대는 소문을 믿는다. 그는 안락의자에 깊숙이 몸을 파묻고 다리를 꼰 채 눈살을 찌푸리고, 다른 사람의 시선을 피하려 모자를 눈 밑까지 내려 쓰든가, 아니면 자존심을 내세우며 거리낌 없는 태도로 모자를 올려 이마를 내보인다. 그는 쾌활하고, 너털웃음을 지으며, 성미가 급하고, 오만불손하고, 곧잘 화를 내고, 제멋대로이다. 농간을 잘 부리고, 시대의 여러 사건에 대한 비밀을 지니고 있다. 그는 자기에게 재능과 기지가 있다고 믿고 있다. 그는 큰 부자인 것이다.

페돈은 눈이 쑥 들어가 있고, 얼굴빛은 상기되어 있으며, 몸은 여위었고, 볼은 푹 패였다. 그는 매우 조금만 자는데, 그마저도 매우 얕은 잠이다. 그는 마치 꿈을 꾸듯 건성으로 행동하며, 바보 같은 태도를 보인다. 그는 알고 있는 것도 잘 말하지 못하고, 누구보다도 정통한 사건에 대해서조차 제대로 이야기하지 못한다. 때로 말을 한다 해도, 끝까지 멋지게 정리

하지 못하고, 대화 상대에게 괴로움을 주는 것이 아닌가 생각하여, 아주 짧고 무미건조하게 말할 뿐이다. 그는 사람들이 자기 이야기를 귀담아 듣게 하지도 못하며, 사람들을 웃기지도 못한다. 그는 사람들의 이야기에 찬사를 던지고 미소를 보내고 찬성을 한다. 그들에게 작은 도움이 되고자 뛰어다니고 날아다닌다.

그는 정중함을 기본 생활 태도로 삼고, 아첨을 하고, 상대방의 눈치를 살핀다. 자기가 하는 일에 대해서는 모두 비밀에 부치고, 때로는 거짓말도 한다. 그는 미신적이고 세심하고 소심하다. 그는 사뿐히 걷는다. 마치 땅이 부서질까 겁이 나는 듯이. 그는 눈을 내리깔고 걸어가며, 길 가는 사람을 감히 쳐다보지 못한다. 토론에 끼어드는 일 따위는 결코 하지 않고, 말하는 사람의 등 뒤에 숨어 거론되는 일들을 살짝 훔쳐 들으며, 누구와 눈길이라도 마주치면 도망쳐버린다. 그는 공간을 넓게 차지하는 법이 없으며, 좌석을 점하는 일도 없다. 그는 어깨를 쪼그리고 걸으며 누구의 눈에도 띄지 않으려고 모자를 푹 내려 쓴다. 그는 외투 속에 몸을 웅크리고 있어서 애를 쓰지 않아도 눈에도 띄지 않게 다닐 수 있다. 만약 누군가가 자리를 권하면 그는 의자 끝에 겨우 궁둥이 한쪽을 얹을 뿐이다.

그는 대화를 나눌 때 목소리를 죽이며 발음도 명확히 하지 못한다. 그러나 공적인 사건에 대해서는 비교적 자유로운 태도를 취하며, 시대에 대해서는 비관론을 펴고, 대신이나 내각에 관해서는 그 나름의 전망을 한다. 그는 대답하기 위해서만 입을 연다. 모자로 얼굴을 가리고 기침을 하든가 코를 풀며, 거의 자기 발등에 떨어지게 침을 뱉는다. 재채기가 나오려 하면 주위에 사람이 아무도 없을 때까지 기다린다. 갑작스레 재채기가 나오면 같이 있는 사람도 알아채지 못하게 조용히 해치운다. 어떤 사람도 그에게 인사를 하거나 안부를 묻지 않는다. 그는 가난한 사람인 것이다.

5장

타인의 비판을 허락하라

바보는 책을 읽어도 이해하지 못한다.

평범한 사람은 책을 완전히 이해했다고 생각한다.

위대한 사람은 책의 일부밖에 이해하지 못했다고 생각한다.

1

이 세상에 언급되지 않은 건 단 하나도 없다. 인류가 탄생하고 생각이라는 걸 시작한 지 벌써 7천여 년이 지났다. 우리는 이 세상에 너무나 늦게 찾아온 것이다. 가장 아름답고 가장 뛰어난 것은 이미 다 누군가 거두어 가버렸다. 우리는 그저 고대인들 뒤에서, 또는 근대인들 가운데서도 훌륭한 사람들 뒤에서 떨어진 이삭만을 주울 뿐이다.

2

오직 바르게 생각하고 정확하게 표현하는 길을 찾아야 한다. 다른 이를 나의 취향이나 감정에 끌어들여서는 안 된다. 그것은 분수에 넘치는 행동이다.

3

책을 쓰는 일은 하나의 직업이다. 마치 시계를 만드는 일처럼 말이다. 즉 저자가 되기 위해서는 재치 이상의 것이 필요하다. 공적이 뛰어나고 관록이 대단한 재판관이 있었다. 그는 실제 사건 처리에 굉장한 솜씨를 발휘했다. 반면 그 사람이 출간한 '도덕'에 관한 책은 보기 드물게 어리석고 형편없는 작품이었다.

4

완전한 작품으로 명성을 얻는 것은 쉬운 일이 아니다. 이미 따놓은 명성에 힘입어 평범한 작품을 값이 나가게 만드는 것과는 차원이 다르다.

5

내밀하게 오가는 풍자적인 작품, 즉 실화를 담은 작품은 저속할수록 걸작으로 통한다. 잘못하여 인쇄하게 되면 그때는 돌이킬 수 없다.

6

도덕을 다룬 많은 책에서, 지은이의 말, 헌사, 서문, 목차, 추천사 등을 빼고 나면 책의 주제에 부끄럽지 않은 부분은 거의 남지 않는다.

7

저속하기 짝이 없어 견디기 어려운 것이 있다. 시, 음악, 그림, 공개 연설 따위가 그것이다. 흥미 없는 내용을 몇 시간이고 과장되게 떠들어대는 연설이나, 초라한 시구를 온갖 허세를 부려가며 낭독하는 엉터리 시인에 귀를 기울여야 한다는 것은 모진 고문이나 다름없다.

8

극시에서, 어떤 시인들은 강렬하고 우아하며 위대한 감정으로 가득 찬 화려한 시구를 길게 늘어놓는 경향이 있다. 그러면 사람들은 눈을 크게 뜨고 입을 벌리고 귀를 기울인다. 그리고는 이 작품이 마음에 든다고 생각하고 이해가 안 될수록 더욱 작품을 찬양한다. 숨 쉴 틈도 없이 소리를 치고 박수를 보낸다.

어린 시절, 나는 배우든 관객이든 모두 작품을 이해하고 있다고 생각했다. 그 작품의 작가는 말할 필요도 없이 자기 작품을 제대로 알고 있다고 믿었다. 아무리 주의 깊게 읽고 들어도 전혀 이해가 가지 않는 건 전적으로 내 잘못이라고 생각했다. 그러나 지금의 나는 그 생각이 잘못되었다는 걸 알고 있다.

걸작을 여러 사람이 함께 쓴 예는 지금까지 찾아볼 수 없다. 호메로스는 『일리아스』를, 베르길리우스는 『아이네이스』를, 티투스 리비우스는 『십장(十章)』을, 키케로는 『연설문』을 오직 혼자만의 힘으로 썼다.

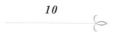
예술에는 어떤 단계가 있다. 그 단계를 알아차리고 사랑하는 사람은 완전한 취향을 지녔다고 볼 수 있다. 반면 그것을 느끼지 못하고 구별하지 못하는 사람은 불완전한 취향을 지닌 셈이다. 따라서 한 사람의 취향에 대해 그 수준을 논한다는 것은 충분히 근거가 있는 일이다.

보통 사람들은 취향보다는 이성적 사고가 더 발달되어 있다. 달리 표현하면, 좋은 취향과 정확한 비판력을 겸비한 사람은 극히 드물다.

영웅들의 생애는 역사를 풍부하게 만들었고, 역사는 영웅들의 업적을 미화시켰다. 나로서는 어느 쪽이 더 덕을 보고 있는지 알 수가 없다. 즉 역사가들이 그들에게 그토록 귀중한

소재를 제공해준 사람들에게 은혜를 입은 것인지, 아니면 영웅들이 역사가에게 신세를 지고 있는지 말이다.

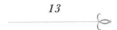

13

미사여구를 늘어놓는 칭찬은 사실 서툰 칭찬이다. 효과적인 칭찬은 사실을 바탕으로 하는 칭찬이고, 또 그 사실에 대한 설명 그 자체이다.

14

저술가의 재능은 오로지 묘사를 잘하는 데에 있다. 모세, 호메로스, 플라톤, 베르길리우스, 호라티우스가 다른 작가들에 비해 뛰어난 점은 오직 그 표현, '묘사법'뿐이다. 자연스럽고 강렬하며 섬세한 글을 쓰기 위해서는 진실만을 말해야 한다.

우리는 건축에서 행한 일을 문장에서도 해야 한다. 야만인이 궁전과 사원에 도입한 고딕 양식은 이제 완전히 버려졌다. 그 대신 도리아 양식, 이오니아 양식, 코린트 양식이 다시 소환 되었다. 고대 로마나 옛 그리스의 폐허에서만 찾아볼 수 있었 던 양식이 오늘날 근대적인 것으로 변신하여 우리들의 복도 기둥에서 빛을 발하고 있다. 마찬가지로 글쓰기에서도 옛사 람들을 모방하지 않은 완벽한 문장을 찾아내기는 어렵다. 설 사 완벽한 문장을 썼다고 해도 옛사람들을 능가하지는 못할 것이다.

우리가 학문과 예술에서 옛사람들의 양식으로 돌아와, 다시금 그 단순함과 자연스러움을 되찾기까지 몇 세기가 흘렀던가! 우리는 옛사람들을, 또 근대의 뛰어난 사람들을 자양분으로 삼는다. 그들에게서 가능한 한 많은 것을 뜯어내어 자신의 저 서를 살찌운다. 그러다가 작가가 되어 이제 혼자서도 걸을 수 있다고 생각하게 되면, 그들에게 대항한다. 좋은 젖을 먹어 튼 튼하게 자란 아이가 자기의 유모를 때리는 것과 마찬가지다. 어떤 근대 작가는 옛사람들이 이성의 측면과 실례의 측면 모 두에서 우리보다 열등하다는 것을 증명한다. 그런데 그 작가 는 이성이라는 것을 자기의 개인적 취미에서 끄집어내 논증

하고 예시는 자신의 여러 작품으로부터 인용한다.

그는 옛사람들이 다소 변덕스럽고 정확하지 못한 측면은 있지만 문장이 아름답다는 것은 인정한다. 그는 그들의 문장을 인용한다. 그 인용문이 어찌나 아름다운지 거기에 빠져서 결국 그의 비평까지 읽게 될 정도다.

눈치가 제법 있는 작가들 가운데에는 근대인에 반대하고 옛사람들을 지지하는 자가 있다. 그러나 나는 그들이 의심스럽다. 자기 자신을 위해 지지하는 듯 느껴진다. 그만큼 그들의 저서는 고대적 취향 일색이다. 그래서 그들의 말은 믿을 수가 없다.

16

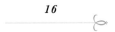

작가는 자기 저작을 고치거나 평가할 수 있는 사람들에게 기꺼이 보여주어야 한다. 자기 작품에 대한 충고나 교정을 꺼리는 것은 일종의 허세다.

작가를 자처하는 사람이라면, 자기 작품에 대한 찬사도 비난도 똑같이 겸손히 받아들여야 한다.

우리의 사고를 언어로써 나타낼 수 있는 여러 종류의 표현들 가운데에서 적합한 것이란 단 하나밖에 없다. 말이나 글로 나타낼 때에도 언제나 그 표현을 쉽사리 찾아낼 수는 없지만, 그런 것이 존재하는 것만은 확실하다. 그 밖의 모든 표현은 수준 미달이기 때문에 재능 있는 사람을 만족시키지 못한다. 세심한 주의를 기울여 글을 쓰는 뛰어난 작가가 오랜 노력 끝에 겨우 찾아냈다는 표현이 지극히 단순하고 평범할 때가 있다. 그런 표현은 흔히 아무런 노력을 하지 않아도 저절로 제일 먼저 머리에 떠오른다.

그때그때의 기분에 따라서 글을 쓰는 사람은 자기 작품을 수시로 수정한다. 기분이란 한자리에 머무는 것이 아니고 시시각각으로 변하기 마련이기에, 그들은 얼마 안 가서 그들이 가장 좋아했던 표현이나 단어에도 냉담해지고는 한다.

18

정확한 정신은 우리로 하여금 뛰어난 글을 쓰게 하지만, 어떤 책에 대해 과연 읽을 만한 가치가 있을까 하는 불안감을 느끼게 한다.

평범한 정신을 가진 사람만이 완전무결하게 글을 쓰고 있다고 자신한다. 뛰어난 정신의 소유자는 다만 분별 있고 온당하게 쓰고 있다고 믿을 뿐이다.

19

아리스트가 말했다.

"조일르에게 내 작품을 읽어보라고 권유했습니다. 그러자 내 작품이 형편없었다고 판단할 여유도 갖기 전에 그는 감동하고 말았습니다. 그는 내 앞에서 겸손하게 칭찬을 늘어놓았습니다. 그리고 그 뒤로 그는 누구 앞에서도 나의 작품을 칭찬하지 않았지요. 나는 그를 관대한 눈으로 바라보고, 그에게 그 이상의 것을 요구하지도 않았습니다. 오히려 그가 쓸 수 없는 그런 아름다운 문장을 보여준 것을 미안하게 생각할 뿐이죠."

다른 작가를 질투하지 않는 사람이라고 해도, 직책상 자신의 기분을 그르치고, 또 다른 사람의 사상에 대해서 냉담하게 만드는 정열이나 욕구 같은 것을 가지고 있다. 누구라도 정신, 심정, 상황에 따라 어떤 작품의 완벽함이 주는 기쁨에 전적으로 자기 몸을 내맡기기 힘든 것이다.

20

비평의 기쁨은 매우 아름다운 것에 온전히 감동하는 즐거움
을 빼앗아간다.

21

많은 사람들이 원고를 읽고 평가할 만한 눈을 가졌다. 그러나
일단 그 원고가 출판되면 세상 사람들이 어떻게 보는지, 또
전문가들이 어떤 비평을 하는지 알기 전에는 절대로 그것을
환영하지 않는다. 즉, 그들은 자신의 의견을 나서서 말하기보
다 다수의 의견에 동조하고 싶어 한다. 그렇게 되었을 때, 그
들은 자기야말로 그 책을 제일 먼저 찬양한 사람이며, 대중이
자기의 의견에 따른 것이라고 비로소 입을 여는 것이다.
이런 무리들은, 자신이 능력과 식견을 지니고 있으며 좋은 것
과 뛰어난 것을 가려낼 수 있는 올바른 판단력을 가졌음을 우
리에게 납득시킬 수 있는 좋은 기회를 놓친다. 좋은 작품 하

나가 그들의 손에 쥐어졌고, 그 저자는 이름조차 낯선 사람이다. 즉 한눈에 문단의 호평을 살 만한 여건이란 아무것도 가지고 있지 않다. 높은 사람들이 쓴 책에 박수갈채를 보내고, 뜻을 받들면서 아첨을 하는 경우와는 사뭇 거리가 멀다. 그러니 사람들에게 다음과 같이 외쳐달라고 부탁하지는 않는 것이다.

"이것이야말로 인간 정신의 걸작이다. 인류는 이 이상은 단한 걸음도 더 나아가지는 못할 것이다. 이것이야말로 인류의 언어가 도달할 수 있는 최고점이라 할 수 있다. 앞으로는 이 작품과 비교하지 않고서는 그 어떤 좋은 작품도 올바르게 평가하지 못할 것이다."

이는 마땅히 찬양받을 만한 가치가 있는 작품을 향한다고 해도 케케묵은 냄새가 풍기는 듯한 과장되고 불쾌하기 짝이 없는 문장이다. 왜 사람들은 단순히 이렇게는 말할 수 없는가? "이것은 좋은 책이다." 그 작품이 유럽 전역에서 출판되어 몇 개 국어로 번역이 되었을 때, 사람들은 그제서야 온 나라와 함께, 그리고 여러 외국인들과 함께 그렇게 말할 것이다. 그러나 그때까지 시간이 별로 없다.

22

작품을 읽고 난 뒤, 뜻을 이해하지 못한 구절을 인용하고 설상가상으로 거기에다 자기 식의 해석을 덧붙여서 변질시키고 마는 사람들이 있다. 그들은 그들의 사상이며 표현에 불과한, 이러한 망가지고 왜곡된 문장을 좋지 못한 문장이라고 비난한다. 그럼으로써 모두가 그 작품이 나쁘다는 것을 인정한다. 그러나 이들 비평가가 인용하고 있다고 생각하나 사실은 이용하고 있지 않는 그 문장들은 그렇게 나쁜 문장은 아니다.

"에르몽도르의 작품을 어떻게 생각하십니까?"

"아주 형편없어."

"형편없는 작품이라고요?"

"그렇고말고. 작품이라고 할 수 없을 정도야. 적어도 사람들의 평에 오를 만한 가치 있는 물건은 못 돼."

"당신은 그것을 읽으셨습니까?"

"아니 읽지 않았어."

왜 그는 퓰르비와 멜라니가 읽지도 않고 그 책에 욕설을 퍼부

은 것과, 그가 퓰르비와 멜라니의 친구라는 것을 덧붙여 말하
지 않은 것일까?

24

아르센은 정신의 절정에서 멀리 떨어져 있는 사람들을 보며
인간의 왜소함에 놀라움을 금치 못한다. 그는 서로 찬양을 해
주기로 약속한 어떤 부류의 사람들로부터 칭찬을 받고 하늘
꼭대기까지 추켜올려져서, 모든 사람이 가질 수 있는 가치를
자신만 가진 것처럼 생각한다. 이러한 생각에 사로잡혀서 권
위 있는 말 한마디조차 해줄 여유가 없다.

이러한 성격으로 인해서 그는 인간의 판단을 초월했기 때문
에, 누구나 다 좋는 틀에 박힌 가치 따위는 아예 속된 사람들
에게 내맡겨버린다. 자기의 변덕에 대해서도 아무런 책임을
지지 않으며, 그 변덕스러움을 숭배하는 주위 친구들에게 책
임을 돌린다. 그 친구들만이 사고할 수 있고, 판단할 수 있고,
글을 쓸 수 있고 또 써야만 하는 것이다. 그밖에 다른 명작은
없다. 아무리 세상의 호평을 받으며, 교양 있는 사람들에게
즐겨 읽히는 작품이라도 그는 그것을 칭찬하지 않을 뿐만 아
니라 읽으려고도 하지 않는다. 나의 글에도 그는 전혀 영향을

받지 않을 것이다. 그는 아마 읽지 않을 테니까.

25

테오크린은 불필요한 일들에 관해 꽤 많이 알고 있다. 그는 언제나 이상한 생각을 한다. 그에게는 논리적인 두뇌 이전에 사고의 깊이가 결핍되어 있다. 그가 자랑으로 삼는 것은 기억력뿐이다. 그는 마치 허공에 떠 있는 것 같으며, 오만불손하기 짝이 없다. 그리고 열등하다고 생각하는 사람들을 언제나 속으로 비웃고 있는 것같이 보인다. 우연한 기회에 내가 나의 작품을 그에게 읽어주었을 때, 그는 귀 기울여 들었다. 그러고 나서 그는 자신의 작품에 관해 나에게 말했다. 여러분은 나에게 물을 것이다. "그러면 당신의 작품에 대해서 그는 뭐라고 말했나요?" 이미 말했듯이 그는 나에게 자신의 작품에 대해서만 이야기했다.

26

작가가 자기 작품에 대한 비평가들의 말을 믿고 마음에 들지

않는 부분을 삭제한다면, 작품 전체가 비평을 받아 새로이 구성되는 작품만큼 완벽한 것은 없다는 결론에 이르고 만다.

27

한 권의 책에 대해서 어떤 표현 또는 감상을 평가하는 사람이 여럿 있다면, 매우 재미있는 경험을 할 수 있다. 그런 사람들은 쉽게 찾아볼 수 있다. 어떤 사람은 묻는다. "왜 이 감상을 삭제하셨습니까? 참신하고 아름답고, 표현이 아주 멋지지 않습니까?" 그런데 반대로 또 다른 사람은, 자기 같으면 이 감상은 버렸거나 다르게 표현했을 것이라고 단정한다. "당신의 작품에는 사물을 자연적으로 묘사하는 멋진 말들이 없지 않아 있군요. 하지만 아마 당신이 이해를 도우려고 애써 고른 말들은 그 뜻을 충분히 나타내주고 있지 못한 것 같은데요?"라고 말한다. 이 사람들이 한마디씩 내뱉은 이러한 의견은 동일한 표현, 똑같은 단어에 대한 것이다. 그리고 이들은 식견이 탁월한 인물로 통한다. 이런 경우 작가에게는 감히 자기를 긍정해주는 사람의 의견에 따르는 수밖에 달리 무슨 방법이 있겠는가?

28

당신이 성실한 작가라면 사람들이 어떤 터무니없는 소리를 하거나 어떤 추잡한 말과 욕설을 퍼붓는다 해도 고통스러워할 필요가 없다. 어떤 부분에 대해 부당한 평을 듣게 되더라도 그리 신경을 쓸 필요가 없으며, 그 부분의 삭제는 더욱 불필요하다. 글을 쓰는 데에 아무리 세심한 정확성을 기한다 해도, 악의에 찬 익살꾼의 냉혹한 조롱은 피하기 어려운 재난이며, 가장 뛰어난 작품도 그들에게는 한낱 웃음거리 불장난밖에는 되지 않는다는 것을 명심하라.

29

성미가 급하고 단정적인 사람들에게 여러 감정을 설명할 때에는 말 이상의 것이 필요하다. 즉 어떤 몸짓으로 표현하거나, 말하지 않고 납득시켜야 한다. 간결하고 요령 있는 문장을 쓰기 위해서 아무리 주의를 기울여도 또 아무리 그런 능력을 가졌다는 정평을 얻는다 하더라도 그들은 당신을 산만하다고 생각할 것이다. 그러니 아주 완벽하게 그들을 이해시키든가, 아니면 순전히 그들만을 위한 글을 쓰는 것밖에 별다른 방법이 없다.

그들은 첫머리의 단어 하나만 보면 벌써 그 구절 전부를 알아차리고, 한 줄만 읽으면 그 장 전체를 짐작하므로 작품의 일부분만을 그들에게 읽어주면 그것으로 족하다. 그들은 극히 일부분만을 보고서 이미 그 작품에 통달한다. 수수께끼 같은 이야기를 길게 늘어놓았다면, 아마 그들에게는 안성맞춤의 재미있는 책이 될 것이다. 그들을 감동시킬 이런 되다 만 문체가 그리 많지 않다는 것, 그런 문체에 만족하는 문학가가 적다는 것은 그들에게는 매우 유감스런 일이다.

물살은 빠르지만 겉으로 보기에는 잠잠한 강, 바람을 타고 멀리 숲에까지 번져 거기에 있는 떡갈나무나 소나무를 태우는 불장난 같은 비유는 조금도 그들에게 감동적인 웅변이 되지 못한다. 그들을 놀라게 하는 그리스의 불[3]이나 그들의 눈을 현혹시키는 번개 같은 것을 보여줄 때 비로소 그들은 뛰어난 작가를, 아름다운 문장가를 만났다고 칭송할 것이다.

30

아름다운 작품과 완벽한 작품 사이에는 얼마나 큰 차이가 있는가! 나는 이 후자의 범주에 속하는 것이 존재했는지 어떤지

모른다. 다만 보기 드문 천재들에게서 위대함이나 숭고함을 찾아내는 일은 모든 종류의 과오를 피하기보다 쉽다.

『르 시드(Le Cid)』가 세상에 나왔을 때, 거기에 주어진 말은 단 한 마디밖에는 없었다. 바로 찬탄의 소리! 이 작품은 이것을 소멸시키려는 헛된 시도를 한 권력이나 정책보다도 강했다. 항상 의견과 감정을 같이하는 정신, 즉 이 작품은 위대한 인물과 대중 모두를 자기편으로 끌어모았다. 그들은 한결같이 그것을 외며, 극장에서 그것을 낭송하는 배우들에 앞서갔다. 요컨대 『르 시드』는 인간이 만들어낼 수 있는 가장 아름다운 시다. 그리고 어떤 주제에 관해 쓰인 가장 탁월한 비평은 『르 시드』 비평이다.

31

어떤 책이 당신에게 고귀하고 용감한 감정을 불어넣어준다면, 작품을 판단하기 위한 다른 기준을 찾지 말라. 그것이 바로 대가의 손에서 빚어진 훌륭한 작품이니까.

32

어떤 책이 출판되면 이에 대해 알려주는 것은 신문 기자의 의무이다.

"지금 이러한 책이 유행하고 있다. 그것은 이런 특징을 가진 모 회사에서 출판된 것으로서 제본이 튼튼하고 지질은 고급이며, 값은 얼마이다."

그는 그 책을 팔고 있는 서점의 이름까지도 알고 있어야 한다. 그러나 그 책을 비평해보겠다는 건 어리석은 생각이다.

기자가 도달할 수 있는 최고의 경지는 정치에 관해 모호하게 논평하는 것이다.

그러나 밤이 되면 부패하고 아침에 눈을 뜨면 버려지는 기사를 배게 삼아 저녁에 조용히 잠드는 것이 신문 기자이다.

철학자는 인간을 관찰하는 데에 온 생애를 소비하고, 그 악덕과 어리석음을 가려내는 데에 온 정신을 소모한다.

그가 자기의 사상에 어떤 기교나 표현을 덧붙인다고 해도 저작자의 허영심에서 오는 것은 아니다. 오히려 그날 온종일 걸려 발견한 진리를 기록하기 위해서이며, 인쇄하여 그의 계획에 도움을 주는 데에 필요해서다. 그런데 만약 독자 중 학자인 체하며, 그의 책을 읽었는데 꽤 재치가 있더라는 식의 말을 하는 사람들이 있다면, 그는 철학자의 노고에 높은 이자를 붙여 보답했다고 생각할 것이다. 그러나 철학자는 그 찬사를 모두 사양한다.

그는 그런 것 따위를 얻으려고 피나는 노력을 하고, 뜬 눈으로 여러 밤을 지새우지는 않는다. 그의 뜻은 더 높은 곳에 있으며, 그는 더 고귀한 목적을 위해서 행동한다. 그가 인간에게 바라는 것은 찬사나 보수보다 더 크고 더 드문 성과이다. 즉 사람들을 한층 나은 사람으로 만드는 것이다.

34

바보는 책을 읽어도 이해하지 못한다. 평범한 사람은 책을 완전히 이해했다고 생각한다. 위대한 사람은 책의 일부밖에 이해하지 못했다고 생각한다. 똑똑한 척하려는 사람들은 모호하지 않은 것을 모호하다고 생각하려 하고, 매우 알기 쉬운 것은 이해하려 들지 않는다.

어떤 작가는 새 작품 하나를 내놓으면서 칭찬을 받으려고 헛된 노력을 한다. 바보만이 때때로 그를 찬양할 뿐이다. 재능 있는 사람들은 자기 자신 속에 모든 진리와 모든 감정의 씨를 다 가지고 있기에 그들에게 새로이 필요한 것은 아무것도 없다. 그들은 칭찬을 거의 하지 않는다. 다만 쓸 만하다는 사실만을 인정하는 데에 그친다.

36

내가 서간문에 발자크나 부아튀르처럼 기지나 기교가 빼어나거나 재미난 문장을 써넣을 수 있을지는 알 수 없으나, 아무튼 그들의 편지에 여러 섬세한 감정이 결핍된 것만은 사실이다. 서간 문학은 그들 시대 이후로 번창하기 시작했지만, 그 장르의 탄생은 여성들에게 힘입은 바 컸으며, 이런 종류의 문장에서는 여성이 더 성공을 거두고 있다. 남성이라면 이따금 오랜 노력과 고된 연구 끝에 비로소 얻을 수 있는 표현이나 필치를, 여성은 그저 붓이 움직이는 대로 쉽게 써간다. 그녀들은 단어 선택 능력이 매우 뛰어나고 또 그것을 매우 적절하게 배열할 줄 아는 까닭에, 극히 평범한 말인데도 참신한 매력을 지니며, 그런 독특한 사용법을 위해서만 만들어진 것 같은 느낌마저 들 정도이다. 한마디의 말로 감정이 충분히 읽히게 한다든가, 섬세한 사고를 자세하게 나타내는 것은 오로지 여성들만이 가능한 일이다. 그녀들의 이야기는 흉내 낼 수 없는 방법으로 연결되어 자연스레 뻗어나가는데, 잘 들여다보면 그것들은 오로지 감각에 좌우됨을 알 수 있다. 만약 여성들이 언제나 정확성만 기해준다면 그녀들의 몇몇 서간집은 아마 우리말로 쓰인 가장 뛰어난 문학이 될 수도 있을 것이다.

37

나는 말레르브와 테오필을 읽었다. 두 사람은 모두 자연에 대해 말하지만 다음과 같은 차이가 있다. 전자는 충실하고 한결같은 문체로 자연의 가장 아름답고 고상하고 소박하고 단순한 것을 나타낸다. 그는 자연이라는 그림을 그리며 자연의 역사를 기록한다.

이에 비해 후자는 선택도 없고, 정확성도 없다. 자유롭고 변화무쌍한 필치로, 어떤 때에는 길게 불필요한 서술을 늘어놓으면서 세부에 대해서 너무 많은 신경을 쓴다. 마치 자연을 해부하듯이. 때때로 억측을 하고 과장을 하며, 자연의 진실을 뛰어넘기도 한다. 그는 소설을 쓰고 있는 것이다.

38

롱사르와 그와 같은 시대의 작가들은 문체의 완성에 기여했다기보다는 오히려 해를 입혀 그 길을 지연시켰다. 그들은 문체를 영원히 완전한 단계로 끌어올리지 못하게 하고, 또 완성을 향한 길목에 다시는 돌아올 수 없는 함정을 파놓았다. 자연스럽고 알기 쉬운 작품을 쓴 마로와 생기와 열정이 넘쳐흐르는 작품을 쓴 롱사르가 더 위대한 시인이 되지 못한 것은 놀라운 일이 아닐 수 없다. 이와는 반대로, 벨로, 조델, 바르타스 같은 문인들을 라캉과 말레르브가 계승함으로써 프랑스어가 타락할 징조가 보인 시기에 이를 만회할 수 있었다는 것 또한 놀라운 일이다.

39

마로나 라블레가 작품 속에 온갖 비속어들을 마구 뿌려놓은
것은 용서받을 수 없는 일이다. 두 사람은 모두 그런 짓을 하
지 않아도 될 충분한 재능과 소질을 지니고 있었다. 어떤 작
가를 찬미하기보다 조롱하려고 벼르는 독자들에게도 그런
지저분한 문자를 늘어놓을 필요는 없었다.

라블레의 경우는 특히 이해하기 어렵다. 그의 작품은 일종의
수수께끼이다. 말하자면 미녀의 얼굴에 뱀의 꼬리를 가진 신
화 속 괴물이기도 하고, 더 괴상한 모양을 한 짐승이기도 하
다. 섬세하고 독창적인 정신과 지저분한 부패의 기괴한 혼합
물이라고도 할 수 있다. 그것이 나쁠 때에는 최악을 능가하여
오직 하찮은 무리만을 즐겁게 한다. 그것이 좋을 때에는 절묘
하고 훌륭하여 가장 섬세한 사람들을 만족시킨다.

40

두 문학가가 저서에서 몽테뉴를 비난했다. 나 역시 유독 몽테
뉴만이 온갖 종류의 비난으로부터 벗어나 있을 수는 없다고
생각한다. 그러나 이 두 사람은 어떤 면에서도 그를 존경하

지는 않는 것 같다. 한 사람은 깊이 사색하는 한 작가를 충분히 음미할 만큼 사색을 하지 않았고, 다른 사람은 자연스럽게 이루어지는 사색에 순응하기에는 너무나도 치밀하게 사색을 했다.

41

진지하고 정밀한 문체를 가진 사람은 후일 널리 이름을 날릴 수 있다. 사람들은 오늘날 16세기 명문장가로 손꼽히는 아미요와 코에프토의 글을 읽는다. 그러나 그들과 같은 시대를 살던 사람들은 과연 누구의 글을 즐겨 읽었을까? 발자크는 부아튀르보다 어휘와 표현 기술이 새로웠다. 그렇지만 부아튀르가 어조나 기지나 자연미 등에서 근대적이지 않고, 우리 시대의 작가들과 유사점이 없다는 것은 무슨 뜻일까? 그것은 현대 작가들이 그의 문체를 모방하기보다는 그를 무시해버리는 쪽을 더 수월하게 생각했고, 또 그를 본받고자 했던 소수의 사람들이 그를 따라가지 못했다는 뜻일 것이다.

42

〈HXX GXX〉[4] 따위의 잡지는 한 푼의 가치도 없는 휴지 조각이다. 이런 책들은 그 밖에도 많다. 무가치한 책들을 마구 사들이는 무분별한 사람들이 있듯이, 이런 종류의 책으로 돈 벌이를 하기 위해 속임수를 쓰는 사람도 있다. 가끔씩 이런 어리석은 짓을 하지 않는다면 대중의 취향을 전혀 알 수 없을 것이다.

43

오페라는 최초로 시도된 큰 구경거리다. 하지만 그토록 완벽한 음악과 화려한 치장에도 불구하고 나를 왜 이렇게 지루하게 만드는지 모르겠다.

오페라에는 바꿔주었으면 하는 생각이 드는 장면들이 적지 않게 나온다. 때로는 극의 결말을 궁금해하는 마음까지도 사라져버리게 할 때가 있다. 오페라는 극본, 줄거리, 기타 관객을 즐겁게 해주는 요소들의 결합이기 때문이다.

오페라는 오늘날까지 시편이 아니라 시구로 존재해왔다. 앙피옹 일가가 돈을 절약한다는 미명 아래 온갖 종류의 장치들을 무대에서 사라져버리게 한 뒤로, 오페라는 여러 종류의 악기에만 의존한 한낱 음악회로 전락해버렸다.

극의 여러 장치들이 어린애들의 오락거리 정도의 가치밖에는 지니지 않는다든가, 유치한 인형극에나 어울리는 물건이라고 무분별하게 말하는 것은 문제의 핵심을 잘못 파악하는 것이며 악취미를 길러주는 행위이다. 무대 장치는 줄거리의 연결을 한층 자연스럽게 하고, 그것을 아름답게 꾸며주며, 관객들의 마음에 연극의 가장 중요한 즐거움이라고 할 수 있는 감미로운 환상을 불어넣어준다. 오페라가 아닌 순수 연극에서는 지금까지도 그것이 오묘한 효과를 던져주고 있다.

『베레니스』나 『페넬로페』처럼 주로 귀로 듣고 음미하는 작품에는 하늘을 나는 날개도 수레바퀴도 필요 없다고 하겠지만, 오페라에는 바로 그런 것들이 필요한 것이다. 오페라의 특징은 정신과 눈과 귀, 이 세 가지를 모두 한결같은 매력으로 사로잡는 데 있기 때문이다.

44

몇몇 바쁜 사람들이 극본을 꾸미고 여러 종류의 장치, 무용, 대사, 음악을 비롯한 온갖 구경거리와 그 구경거리를 상연하

는 무대 공간까지도 만들었다. 여기서 무대 공간이란 마룻바닥에서부터 지붕까지 사면의 벽 전부를 뜻한다. 냇가의 고기잡이라든가, 경이로운 미궁⁵이나 황홀한 식탁⁶ 같은 것들이 모두 그들의 창의력에서 나왔다는 것을 누가 의심할 것인가? 관객들이 그들의 활발한 동작과 모든 성공에 박수를 보낼 때 그들의 만족스러운 표정을 통해 나는 알 수 있다. 만약 내가 잘못 생각했다면, 그들이 그토록 화려하고 우아하고 고상한 이 제전에 아무것도 공헌한 바가 없고, 단 한 사람만의 능력으로 그런 계획과 막대한 지출이 가능했다면, 나는 두 가지 사실에 감탄하지 않을 수 없다. 즉, 아무것도 하지 않은 자들의 혼란과 소요, 그리고 모든 것을 움직인 단 한 사람의 냉정함과 침착함.

45

이른바 감각이 있다는 사람들, 또는 그렇게 자신하는 사람들은, 여러 종류의 공연에 대해서 자기 자신만 결정권을 가지려고 하기 때문에 서로 반목하며 고립된 여러 파벌로 분리된다. 이 파벌들은 대중과는 동떨어진 이해관계를 가지므로, 극히 제한된 시나 음악만을 찬미하고, 여타 작품들에 대해서는 휘파람을 불며 방해 공작을 하기 일쑤다. 반대파와 자신의 파벌에 대한 편견을 옹호하려는 맹목적인 열의 때문에 해를 끼치는 것이다. 그들은 시인이나 음악가들을 수없이 공격하여 낙담시키고, 각 분야의 거장들이 경쟁심이나 자유를 통해 얻은 성과를 제거해버리며, 학문과 예술의 진보를 지연시킨다.

46

사람들은 극장에서 그렇게 자유롭게 웃으면서, 혹시 눈물이라도 흘리게 되면 왜 이렇게 수치스럽게 생각하는 것일까? 우스꽝스러운 장면을 보며 깔깔 웃어대는 것보다 가련한 장면을 보며 가슴 아파하는 쪽이 어색하다고 느끼는 것일까? 표정의 변화가 우리의 마음을 조종이라도 한다는 것일까? 표정 변화는 가장 비통하게 고뇌할 때보다도 바보같이 마구 웃어댈 때 더 크다. 그래서 사람들은 높은 양반이나 존경하는 사람들 앞에서는, 극장에서 눈물을 흘릴 때와 마찬가지로 웃기 위해서 얼굴을 돌리는 것이다.

약한 마음을 내보인다는 것, 특히 허구의 대상에 감동하여 무력함을 드러낸다는 사실이 고통스러운 것일까? 눈물을 흘리는 행위뿐만 아니라 지나친 웃음 속에서도 인간의 약함을 보고, 두 가지 행위를 모두 가신에게 금했던 일부 엄격한 사람들을 일일이 인용할 필요는 없을 것이다. 하지만 그렇다면 사람들은 비극에서 도대체 무엇을 기대하는 것일까? 그것이 오히려 사람들을 웃기기를 바라는 것일까? 아니면 진실성으로 무대를 강하게 지배하는 비극이 희극과 똑같은 효과를 내지 못하기를 바라는 것일까? 영혼이 감동하기 전에는 비극이든 희극이든 모두 진실함에 도달하지 못한다는 것일까? 그 이전에, 영혼을 만족시켜준다는 것이 그렇게 간단한 것일까? 그러기에는 보다 진실한 것이 필요하지 않을까?

희극의 어떤 장면에서 극장 내부 전체에 웃음소리가 요란하게 터지는 것은 조금도 이상한 일이 아니다. 그것은 그 장면이 재미있게 또 꾸밈없이 잘 연기되었다는 것을 말해주기 때문이다. 이와 같이 각자가 눈물을 참는 데 쓰는 노력과 억지웃음은 다음과 같은 사실을 입증한다. 즉 위대한 비극의 자연스러운 효과는 서로의 얼굴이 드러나는 상태에서 눈물을 닦는 것, 나아가 주저 없이 그저 우는 데에 있다. 마음껏 울기로 마음먹고 나면, 사람들은 극장에서 우는 것보다 오히려 눈물을 흘릴 대상이 없어 목이 빠지게 기다려야 하는 안타까운 심정이 더 두려운 것임을 깨닫게 될 것이다.

47

비극은 그 발단부터 당신의 가슴을 조이며, 전편이 진행되는 동안 거의 숨 쉴 틈이나 정신을 가다듬을 여유도 주지 않는다. 설령 약간의 휴식을 준다 한들 그것은 당신을 다시 새로운 미지의 심연 속에, 새로운 불안 속에 빠뜨리기 위해서다. 이는 연민을 통해 공포로, 또는 공포를 통해 연민으로 당신을 몰아가는 과정이며, 눈물과 오열, 불안과 희망, 두려움과 놀라움을 주면서 여러분을 대단원으로 이끈다. 즉 그것은 가련한 감정, 사랑의 고백, 여자에게 수작을 거는 말들, 유쾌한 풍속 묘사, 달콤한 말들, 또는 이따금 사람을 웃기는 언어 유희 같은 것들을 한데 모아 놓은 것이다. 이는 마지막 장면에서 난폭한 무뢰한이 등장하여 어떤 조리 있는 말에도 귀를 기울이지 않는다든가, 결국은 체면치레로 칼을 뽑아 피를 흘리게 한다든가, 목숨이 위태로운 불행한 자가 나오는 것과는 사뭇 거리가 멀다.[7]

48

연극에 반영된 삶의 모습은 단순히 나쁘지 않다는 것만으로는 부족하다. 품위가 있고 교훈적이어야 한다. 그러나 시인의 눈을 끌지도 못하고 관객에게 즐거움도 주지 못할 정도로 저질스럽고 저속하며 무미건조한 경우도 있다. 일례로 농부나 술주정뱅이의 모습을 보고 어떤 어릿광대가 연극에 반영할 수도 있겠지만 이는 참된 희극의 즐거움으로 이어질 수는 없다. 어찌 그런 것이 희극의 기초나 중요한 줄거리를 만들 수 있겠는가? 다만 '저 배역은 정말 자연스럽다'는 이야기를 들을 수 있을 뿐이다. 그러면 비슷한 규칙에 따라 관중들의 관심은 휘파람을 부는 머슴들, 변소 안에 들어앉은 손님, 졸거나 먹은 것을 토해내는 주정뱅이에게 향하게 될 수도 있다. 이 이상 더 자연스러운 것이 있을 수 있겠는가?

늦게 일어나 오후 몇 시간을 화장하고, 거울에 얼굴을 비쳐 보고, 향수를 뿌리고, 턱수염을 손질하고, 편지를 받고 답장을 쓰는 것은 나약한 인간의 특성이다. 이런 배역을 무대 위에 올려보라. 1막, 2막… 오래 계속되면 계속될수록 그 연극은 자연스러운 것이 되고, 우리의 모습과 일치하게 될 것이다. 그러나 동시에 무미하고 지루하기 짝이 없어지고 말 것이다.

49

소설과 연극은 해로운 점만큼이나 이로운 점을 지니고 있다. 우리는 그 안에서 굳은 지조와 미덕과 애정을 가졌으되 욕심은 없는 아름답고 완벽한 여러 인물을 볼 수 있다. 젊은 사람이 그 작품 세계에서 자기 주변으로 시선을 돌리면, 지금 막 감탄해 마지않았던 모든 것에 비교도 되지 않는 매우 보잘것 없는 사람들밖에는 눈에 띄지 않을 것이다. 그러므로 그가 보잘것없는 이들에게 약간의 동정이나마 내보일 수 있다는 것이 나에게는 놀라운 일이다.

50

코르네유는 누구보다 월등한 점을 가졌다. 그것은 모방할 수 없는 특이성이다. 그러나 그의 작품에는 고르지 않은 데가 있다. 그의 초기 극작은 무미건조하고 힘이 없어서, 후일 그가 대성할 수 있다는 희망을 조금도 주지 않는다. 또한 그의 마지막 작품들은 심하게 타락해서 사람들을 놀라게 한다.
그의 가장 뛰어난 극본 몇 작품에는 용서할 수 없는 성격 결함이라든가, 줄거리의 진행을 가로막는 과장된 문체라든가,

위대한 인간의 것이라고는 도저히 이해할 수 없는 시구와 표현의 조잡함이 있다.

그의 가장 뛰어난 점은 재치이다. 그는 이 재치를 통하여 타인의 작품에서는 읽어보지 못한 절묘한 시구라든가, 옛사람들의 법칙을 단호히 무시한 개성 있는 전개라든가, 여러 가지 형식의 대단원을 구사한다. 그는 고대의 관습이나 단순한 줄거리에 구속받지 않는다. 반대로 그는 무대에서 여러 사건으로 갈등을 즐겨 일으키고, 거의 언제나 이를 깨끗하게 처리하는 데 성공한다. 그가 만든 그 다양한 시편들의 구상은 그저 감탄스러울 따름이다.

라신의 극시들은 유사점이 많아서, 동일한 결말을 향해가는 경향이 있다. 그러나 그의 작품에는 잘되고 못된 데가 없으며 기복이 없다. 정확하고 규칙적이고 양식과 자연스러움을 골자로 하는 그의 극 구성과 처리 방법, 단정하고 풍부한 표현을 통해 곳곳에서 볼 수 있는 우아한 음악적인 시법, 그 어떤 관점으로 보나 항상 같다. 그는 고대의 정확한 모방자다. 고대극의 줄거리에 나타난 선명함, 단순함을 그는 세심하게 따랐다.

라신에게서는 웅대함과 비범함이 느껴진다. 『르 시드』의 전편에, 『폴리외크트』에, 『호라티우스』에 흐르는 애정보다 더 큰 애정이 있을 수 있을까? 미드리다트나 포뤼스에게서 볼 수 있는 위대함은 또 어떤가? 역시 고대인들의 기호와 비극 작가들이 여러 극장에서 불태웠던 그 정열, 사람들이 공포나 연민이라고 불렀던 그 감정을 이 두 시인은 깊이 알고 있었던 것이다. 라신의 대표작 『앙드로마크』에 나오는 오레스트와 『페드르』에 나오는 왕비 페드르, 코르네유의 『오이디푸스』나 『호라티우스』의 주인공이 그것을 증명해준다.

만약 코르네유와 라신의 비교를 시도하고, 그들의 가장 특이한 점과 가장 평범한 점을 통해서 특징을 정리한다면 다음과 같이 말할 수 있을 것이다.

코르네유는 우리를 그의 신념과 관념에 복종시킨다. 반면에 라신은 우리의 신념과 관념에 순응한다. 전자는 반드시 그래야만 한다는 식으로 인간을 그리고, 후자는 인간을 있는 그대로 그린다. 전자에는 더 많이 사람들이 찬미하는 것, 서슴없이 모방하는 것이 들어 있다. 후자에는 더 많은 사람들이 타인 속에서 인정하는 것, 자기 자신 속에서 느끼는 것이 간직되어 있다. 한쪽은 인간의 정신을 드높이고, 놀라게 하고, 지배하고, 교육한다. 다른 쪽은 마음에 들게 하고, 가슴을 울리며 감동시키고, 마음속 깊이 스며들게 한다. 이성에서 가장 아름다운 것, 가장 고귀한 것, 가장 절대적인 것은 전자가 다루고 있다. 후자는 정열 속에서 가장 즐거운 것, 가장 섬세한 것을 취급한다. 잠언, 율법, 훈계는 전자에 있으며, 후자에는 고상한 취미와 감정이 있다. 코르네유의 연극에는 마음을 빼앗기며, 라신의 극에는 마음이 동요한다. 코르네유는 좀 더 도덕적이라고 할 수 있으며, 라신은 좀 더 자연적이라 할 수 있다. 한 사람은 소포클레스를 따르고, 다른 한 사람은 에우리피데스에 힘입었다.

51

혼자서 오랜 시간 힘 안 들이고 이야기를 할 수 있는 능력에 과격한 몸짓, 격렬한 억양과 음성, 긴 호흡이 결부된 것을 사람들은 '웅변'이라고 부른다. 현학적인 사람들은 그것을 연설 속에서만 인정하며, 다양한 표정, 과장된 언어, 한 절 한 절을 멋지게 끝맺는 기술 같은 것만을 기준으로 삼는다.

진리를 설득하는 기술이 논리라면, 웅변이란 우리로 하여금 타인의 마음과 정신을 지배할 수 있게 만드는 영혼의 선물이다. 그것을 통해 우리가 우리의 마음에 든 모든 것을 상대방에게 고쳐시키거나 납득시킬 수 있는 것이다.

웅변은 대화뿐만 아니라 모든 종류의 저서에도 존재할 수 있다. 사람들이 찾는 곳에는 반드시 있으며, 찾지 않는 곳에도 드물게 존재한다.

웅변의 숭고함이란, 웅변이 되기 이전의 각 요소가 이미 지닌 것과 같다.

숭고함이란 무엇일까? 아무도 정의하지 않았다. 그것은 하나의 형상일까? 아니면 여러 가지 형상에서 태어나는 것일까? 또는 적어도 몇 개의 형상을 말하는 것일까? 모든 종류의 저서가 그것을 받아들이는 것인가, 아니면 오로지 위대한 주제에 한해서만 가능한 것일까? 아름다운 자연미가 풍기는 전원시나 친밀한 편지, 매우 섬세한 회화 같은 것들 숭고하지 않아도 빛날 수 있을까? 그렇지 않다면, 자연미나 섬세함이란 완벽한 작품이 가진 숭고함의 다른 표현이 아닐까? 숭고함이란 무엇일까? 숭고함이란 어디에 속하는 것일까?

동의어란 동일 사물을 의미하는 여러 종류의 단어 또는 문구를 말한다. 대구란 서로 다른 것을 비추는 두 진리의 대립을 말한다. 암시 또는 비유는 다른 것으로부터 진리를 알아차릴 수 있는 자연스러운 영상을 빌려오는 것이다. 과장법이란 정신을 인도하여 좀 더 빠르게 진리를 알리기 위해서 진리를 뛰어넘어 설명하는 것을 말한다. 숭고함이란 진리만을 그리는 것을 말한다. 단 고귀한 주제에 한해서다. 그것은 진리의 총체를 그 원인과 목적 속에서 가장 알맞은 표현이나 영상으로 그린다.

평범한 사람은 딱 알맞은 표현을 찾아내지 못하고 동의어를 남용하기 마련이다. 젊은 사람들은 대구의 광채에 현혹되어 그것을 즐겨 사용한다. 올바른 정신, 정확한 영상을 그리기를 사랑하는 정신은 당연히 비유와 암시를 쓴다. 격렬한 정신, 막연한 공상은 규칙과 정확성을 무시하고 뛰어넘는 까닭에 과장법을 쓰는 데에 결코 싫증을 낼 줄을 모른다. 그러니 숭고함에는, 위대한 천재들 가운데서도 가장 뛰어난 극소수의 사람들만이 도달할 수 있다.

52

글을 쓰는 모든 사람들은, 명확한 글을 쓰기 위해서 스스로 독자가 되어야 한다. 자신의 작품을 마치 전혀 새로운 것, 처음으로 읽어보는 것, 아무런 관여도 하지 않았던 것, 작가로부터 비평을 부탁받은 것처럼 검토하지 않으면 안 된다.
그리고 스스로 이해한다 해도 그것은 작가로서의 납득이 아니어야 하며, 누구나 이해할 수 있어야 함을 명심해야 한다.

53

사람이 글을 쓰는 이유는 오로지 이해받기를 바라서이다. 그러나 적어도 글로 아름다운 것들을 만들어내야 한다. 순수한 표현, 적절한 어구를 쓰도록 노력해야 한다. 알맞은 말로 고귀하고 신선하고 견실한 사고와 극히 아름다운 뜻을 지닌 사상을 표현하지 않으면 안 된다. 순수하고 투명한 언어를 무미하고 보람 없고 진부하고 무익하고 전혀 새로운 맛이 없는 주제에 쓰는 것은 옳지 않다. 경박하고 유치하고, 때로는 무미건조하고 흔해 빠진 것들을 아무 어려움 없이 이해했다고 한들, 그게 독자에게 무슨 소용이 있겠는가? 아무리 한 작가의 사상이 뚜렷하게 나타나 있다고 해도 그 작품에 지루함을 느낀다면 무슨 가치가 있겠는가?

만약 작가가 몇몇 저서에 어떤 심각한 이야기를 집어넣는다거나, 때때로 지나칠 정도로 정밀하고 섬세한 표현을 즐겨 쓴다 해도, 그것은 그 사람이 독자들에게 호감을 가지고 있다는 의미 외에는 아무것도 아니다.

54

파벌을 만들거나 음모를 꾸미는 족속들이 쓴 책에서 진지함 이라곤 전혀 찾아볼 수가 없다. 사실은 과장되고, 서로의 이 유도 있는 그대로 서술되지 않을 뿐만 아니라 표현도 정확하 지 않다. 특히 우리의 인내력을 완전히 소모시키고 마는 부분 은, 논쟁의 씨가 되었던 어떤 사건에 대해서 그들이 서로 주 고받은 가혹한 말과 욕지거리를 실컷 읽어야 한다는 것이다. 흥분이나 불화가 없어지고 난 후 이런 책들은, 제값을 받을 자격도 없거니와, 완전한 망각 속에 매장될 자격도 없다. 다 만 시대에 뒤떨어진 연감이 될 뿐이다.

55

어떤 사람들의 가치는 글을 잘 쓰는 데에 있고, 다른 어떤 사 람들의 가치는 아무것도 쓰지 않는 데에 있다.

56

지난 20년 동안 정기적으로 글을 써온 사람들이 있다. 사람들은 새로운 단어로 언어를 풍부하게 하고, 라틴어법의 속박에서 벗어나서 문체를 순수하게 프랑스적인 문장으로 환원시켰다. 말레르브와 발자크가 선구자가 되었고, 이후의 많은 작가들이 파손된 상태로 방치됐던 문장의 조화를 거의 모두 되찾았다. 요컨대 문장에다 가능한 모든 질서와 선명함을 주었다. 이것은 사람들이 의식하지 못하는 사이에 문장에 정신을 부여한 것이다.

그들의 예술이나 학문처럼 폭넓은 정신을 소유한 대가들이 있다. 그들은 천재적인 자질과 창의력으로, 그들이 받은 혜택을 학문이나 예술로 충분히 되돌려 준다. 그들은 예술을 한층 고귀한 것으로 만들기 위해서 예술에서 한 발짝 떨어지기도 하고, 어떤 법칙이든 그들을 위대함이나 숭고함으로 인도하지 않는 때에는 그 법칙에서 벗어나기도 한다. 그들은 반려자도 없이 홀로 걸어간다. 그들은 때로 무질서한 것으로부터 도움이 될 만한 것들을 찾아낸다. 그리고 항상 자신에 넘치고 확고부동한 자세로, 매우 높은 경지에 도달하고 매우 깊은 곳까지 파고든다.

그러나 바르고 온화하고 절도 있는 사람들은 그들 뒤를 따르지 않을 뿐만 아니라, 그들을 찬미하지도 않고 이해하려 들지도 않는다. 나아가 그들을 모방하려고 들지도 않는다. 그들은 자기 영역 안에 조용히 머무르며, 그들의 능력 또는 식견의 한계 지점까지만 간다. 그 한계를 넘어서려 하지 않는다. 왜냐하면 그들은 그 너머를 보지 못하기 때문이다. 따라서 그들은 기껏해야 이류에 그칠 뿐이며, 평범한 사람들 속에서만 뛰어나다.

58

다른 천재들이 제작해놓은 모든 작품들을 수집, 등록, 저장하는 역할만을 하는 열등하고 종속적인 사람들이 있다. 즉 그들은 표절가이자, 번안가요, 편집자의 구실만을 한다. 그들은 사고하지 않으며, 여러 작가들이 이미 생각했던 것을 입 밖에 낼 따름이다. 반드시 창의력이 요구되는 사상의 선택에도 그들은 졸렬하고 부정확하다. 그래서 오히려 그들은 많은 것들을 수용할 수 있다. 그들은 배운 것밖에는 알지 못하는데, 누구나 다 몰라도 좋다고 생각하는 것만을 배운다. 그들과의 대화나 그들의 저작물은 권태롭기 그지없다. 그들은 권력자와 천민을 현명한 학자로 만들고, 현명한 사람에게는 현학주의의 누명을 씌우는 바로 그런 일을 담당한다.

59

비평은 학문이라고 말하기 어렵다. 그것은 재치보다는 정직을, 능력보다는 노력을, 천재적인 소질보다는 습관을 요구하기 때문이다. 만약 많은 책을 읽는 데 비해 안목이 없는 사람이 비평을 써서 어떤 글에 영향력을 미치게 된다면, 독자나 작가를 동시에 타락시키고 만다.

60

본디 모방에 뛰어나고, 언제나 누군가의 뒤에서 일하는 극히 겸손하기 짝이 없는 작가에게 권한다. 기지, 공상 또는 박학함에 바탕을 둔 작품만을 본보기로 선택하라고. 빼어나지는

않지만 적어도 곁에 두고 읽을 만한 것이기 때문이다. 반대로
기질에 의해서 글을 쓰는 사람들, 감정에 따라 말을 쏟아내고
수사에 영감을 가진 사람들, 종이 위에 표현하는 모든 것을
뱃속으로부터 짜내는 사람들을 모방해서는 안 된다. 이런 것
들은 매우 위험한 본보기다. 그래서 남의 꼬리에 매달려 쉽게
글을 쓰려는 사람들을 생기 없고, 품위 없는 조롱거리로 만들
기 십상이다. 누군가 진심으로 나의 억양을 따라하거나 나의
얼굴 표정을 흉내 낸다면 나부터 그를 비웃을 것이다.

61

기독교인이자 프랑스 인으로 태어난 사람은 풍자적인 글을
쓰는 데 많은 구속을 받는다. 위대한 주제를 다루는 것이 금
지되어 있기 때문이다. 때로는 그런 주제에 손을 대는 일도
있으나 곧 사소한 주제로 돌아서서 그의 뛰어난 재능과 아름
다운 문체로 그것을 추켜올린다.

62

공허하고 유치한 문제는 피하라. 때에 따라서는 대담한 표현을 시도하라. 어순을 도치시킴으로써 묘사에 생기가 도는 어구를 써보라. 그러는 한편 그것을 사용하거나 이해하는 즐거움을 맛보지 못하는 사람들을 불쌍히 여기라.

63

자기가 살고 있는 시대의 취향에 맞춘 글을 쓰는 사람은 자신의 글보다 자기 처지만을 생각하는 사람이다. 우리는 항상 완벽함을 지향해야 한다. 그러면 같은 시대의 사람들에게 받지 못한 정당한 평가를 후세 사람들이 돌려줄 것이다.

64

우리는 결코 조롱이 어울리지 않는 주제를 조롱해서는 안 된다. 그것은 우리의 취향을 해치는 일이며, 자신과 다른 사람

의 판단 모두를 그르치는 일이다. 그러나 조롱할 만한 것이
있다면, 정확한 지점을 찾아내어 우아하게, 사람들 마음에 들
게, 또 사람들에게 교훈을 줄 수 있게 끄집어내야 한다.

65

"호라티우스나 브왈로가 당신보다 앞서서 이미 그렇게 말했
습니다."

"사실 말씀하신 그대로입니다. 그러나 나는 내 생각을 말한
것뿐입니다. 단지 내가 그들보다 늦게 태어났다고 해서 진실
된 생각을 해서는 안된다는 건가요? 훗날 또 다른 사람들이
이와 똑같은 생각을 할 텐데요?"

주

1 임금의 자손을 가리킨다.

2 매장 통지서를 말한다.

3 고대 그리스 사람들이 적의 배를 태우기 위해 놓은 불을 의미한다.

4 당시 지식인 사회에서 인기 있었던 『르 메르퀴르갈랑』이라는 잡지를 낮추어 부른 말이다.

5 샹티이 숲에서 열렸던 사냥 대회를 뜻한다.

6 샹티이 숲 사냥 대회에서 열린 연회를 말한다.

7 저속한 비극의 대단원에는 이런 종류의 소동이 자주 일어난다.